Christoph W. Rosenthal
Historiologie

AF388631

Zum Autor:

Christoph W. Rosenthal (Jg. 1957) lebt seit 1981 als freier Kulturschaffender mit Jobs, Kulturarbeit, Kunst und Forschungen. Nach langjährigen Forschungsarbeiten begann er 2018 mit etlichen Veröffentlichungen zu Humanevolution, Geschichte und Sprache.

www.christoph-w-rosenthal.de

Christoph W. Rosenthal

Historiologie

Die Wissenschaft bzgl.

der Systematiken der historischen Entwicklung
und ihrer Effekte für die menschliche Existenz

Edition Neue Kultur

Aufriss

Geschichte verstehen lernen, Geschichte denken lernen
Geschichte als Welt- und Landkarte der menschlichen Realität
Sich in unserer historisch bestimmten Realität zutreffend
    verorten können

Die historische Entwicklung, die am Ende der Eiszeit vor ca. 13.000 Jahren begann, erklärt sich in der menschlichen Entwicklung aus dem Schritt, seine Existenz nunmehr auf selbst geschaffene Grundlagen aufzubauen, wie etwa mit der Nahrungsproduktion, vor allem und zuerst jedoch durch die Institutionalisierung seiner sozialen Organisation. In dieser Institutionalisierung liegt auch der Grund, dass es nicht bei den ersten Anfängen blieb, sondern daraus eine dauerhafte historische Entwicklung erwuchs.

Dieser Schritt zu den selbst geschaffenen Grundlagen vergleicht sich etwa mit dem Schritt vom Gehen zum Autofahren. Man kommt so schneller vorwärts – aber wohin? Mit diesem Schritt ließen sich völlig neuartige Möglichkeiten erschließen. Doch waren damit auch neuartige Anforderungen in der Steuerung dieser Prozesse und in der Klärung der Strecken verbunden. Hierbei geriet jedoch einiges mit Folgen bis heute aus dem Griff.

Von da aus verknüpfen sich mit diesem historischen Prozess nicht bloß Fortschritte, sondern auch Unfälle, Schäden und gefährliche Fehlentwicklungen, wie es etwa in den altorientalischen Despotien, in den Weltkriegen oder auch in ökologischer Hinsicht zum Ausdruck kommt.

Für die Lösung der historisch entstandenen Probleme und für eine Entwicklung von neuem Fortschritt bedarf es einer möglichst exakten Analyse der Struktur des historischen Prozesses.

Hierbei ist infolge des erreichten Überblicks über die menschliche Vergangenheit bis weit über die Humanevolution und selbst über die Evolution der Primaten hinaus ein völlig neues Potential entstanden, das durch den entsprechenden Ansatz der Historiologie erschlossen werden kann.

Die Historiologie ist im Rahmen der Geschichtswissenschaft der Fachbereich, der sich mit der übergreifenden historischen Entwicklung und ihrer inneren Systematik befasst.

Es ist durch die historiologische Forschung ein entscheidend neuartiges Verständnis von Geschichte entstanden, das nicht mehr auf dem vorwissenschaftlichen Modell des 19. Jh. basiert wie die heute immer noch gängigen gesamtgeschichtlichen Entwürfe. Es wird nun langsam deutlich, wo, warum und wie die entscheidenden historischen Probleme entstanden sind, und damit auch, wie sie lösbar sind, was die bisherigen Modelle nicht leisten. Damit erschließt die Historiologie auch Erkenntnisse, die eine kulturelle Architektur bzgl. einer wünschenswerten Kultur der Zukunft ermöglichen.

Das hier vorliegende Buch bietet hierbei einen Überblick über die grundlegenden Erkenntnisse und Themen.

Inhaltsverzeichnis

Vorwort

Nachdem ich seit dem Beginn meiner historischen Forschung Mitte der 1980er eine Reihe von historischen Werken gelesen hatte, ergab sich mir mit der Zeit das Gefühl, mit meiner historischen Forschung auf noch etwas Anderes als diese Werke hinauszuwollen. Was für mich die Erforschung der Geschichte leisten sollte – und **soll** -, ist in erster Linie die Klärung unserer **heutigen** Situation. Genau das leisteten die mir zunächst bekannten Werke nicht. Die widersprüchlichen Auffassungen bzgl. von Geschichte verwiesen mich in den 80ern recht schnell darauf, dass von einem Verstehen der historischen Entwicklung insgesamt noch nicht die Rede sein konnte.

Von daher erfand ich bei meinen Forschungen in Analogie zu *Geographie – Geologie* in den 1990ern für meinen Ansatz den Begriff Historiologie. Erst in jüngerer Zeit erfuhr ich bei meinen Internet-Recherchen, dass es eine entsprechende Begriffsaufstellung mit Historiologie und Historiographie bereits gab. Wenn ich dort im Grundlegenden Parallelen zu meinem Ansatz sehe, so möchte ich hier doch betonen, dass meine Aufnahme des Begriffs der Historiologie nicht von älteren Konzeptionen her motiviert ist, sondern von den Ergebnissen meiner eigenen Forschung.

Der Ausgang meiner Forschungen um 1985 lag vor allem darin, dass mir die bestehenden Geschichts-Modelle die Entwicklungen zum 3. Reich und den beiden Weltkriegen entweder nur unzureichend oder auch gar nicht erklären konnten. Nach einer längeren Beschäftigung mit den letzten 5.000 Jahren als dem Inhalt der gängigen Geschichtswerke sowie nach meiner Bekanntschaft mit dem Werk >Krieg und Macht< des US-amerikanischen Historikers William H. McNeil kam ich dahin, in diesem Werk auch meine eigenen Einsichten im Grundlegenden beschrieben zu sehen. Sieht man von einigen Punkten von McNeills Prämissen ab – die an dem damaligen Forschungsstand bzgl. der Frühgeschichte liegen dürften -, ist dies immer noch das Werk, das ich am meisten bzgl. der Darstellung der substanziellen historischen Prozesse der letzten vier- bis fünftausend Jahre empfehle.

Seitdem konzentrierte ich mich in meiner Forschung auf die noch recht unbekannte Zeit vor dem Alten Orient bis hin zur Humanevolution. Dabei stieß ich um 1990 auf das damals noch nicht so verbreitete Theorem der >neolithischen Revolution<, die als Umschlag von der humanevolutionär entwickelten Lebensweise zur historischen Entwicklung dargestellt wurde. Auf dieser Basis entwickelte ich meine weitere Forschung unter der Systematik von Anthropologie und Geschichte: was jeweils der menschlichen Natur und der ursprünglichen Kultur und was der historischen Entwicklung zuzuordnen ist. Dazu verfasste ich 1992/93 ein Skript, das aber keine Resonanz fand. Ich selbst kam zu dem Ergebnis, damit auch erst neue Grundlagen erreicht zu haben, auf denen nun die eigentliche Forschung beginnen konnte.

Nach einer Pause nahm ich 1999 diese Forschungen wieder auf. Von einem besonderen Interesse wurde für mich die Auseinandersetzung mit der paläolithischen Symbolik, etwa in den eiszeitlichen Höhlen. Angesichts der schon über 30.000 Jahre alten und bis in die jüngere Zeit weltweit verbreitete Symbolik der „Venus"-Figuren und der Stier/Kuh/Drachen- und Hörner-Symbolik, griff ich diese beiden Symbol-Komplexe in einer speziellen Studie über entsprechende Darstellungen, Mythologien und die damit verbundenen Wörter in den Kulturen auf. [1] Tatsächlich sollte sich dies als ein regelrechter Schlüssel für das Verständnis der eiszeitlichen Kultur und damit auch für die Humanevolution sowie für die Ausgangslage der historischen Entwicklung erweisen, auch in sprachlich-etymologischer Hinsicht.

---

[1] 2021 als >Frau Holle und der Drache von Lascaux< veröffentlicht

Es ist nun um die 20 Jahre her, dass mir deutlich wurde, dass die Neolithische Revolution **nicht** als die Begründung der historischen Entwicklung in Betracht kam, sondern dass allein gänzlich andere und etwas ältere Sachverhalte eine hinreichende Erklärung bieten konnten. Die Entdeckung der schon über 10.000 Jahre alten gewaltigen Megalith-Anlage von Göbekli Tepe (Türkei – Grenze Syrien) bot dafür auch wichtige neue Hinweise und Anhalte.

Eine gewisse Abhandlung der sich inzwischen abzeichnenden neuen Weltgeschichte-Karte habe ich schon mit meinem Werk >Die Kopernikanische Wende des Weltgeschichts-Bildes< vorgelegt (erste Fassung 2018, inzwischen zwei Updates mit Korrekturen und leichten Aktualisierungen).

Doch angesichts der bestehenden Forschungsprobleme wollte ich das Thema >Geschichte< auch noch in einer anderen Form aufnehmen, abgelöster davon, ob sich alles, was sich mir bislang bzgl. der Frühgeschichte darstellt, auf die Dauer als zutreffend erweist. Denn in dieser Hinsicht befinden wir uns noch in einer Pionierphase. Doch so sehr das neu entdeckte „Amerika" erst begrenzt fassbar wird, so kann doch kein Zweifel daran bestehen, dass wir es dabei mit einem neuen Kontinent zu tun haben – das soll besagen, dass trotz einiger Unklarheiten an dem Ergebnis eines substanziell veränderten Weltgeschichts-Modells insgesamt kein Zweifel bestehen kann. Etliche unklare Details können nichts an der Bedeutung des damit verbundenen neuen Verstehens der historischen Entwicklung ändern.

Zunächst einmal bestand die Frage, womit sich der Begriff Geschichte im Entscheidenden und Eigentlichen verknüpft. Handelt es sich dabei lediglich um eine Redeweise bei einer schon seit mehreren Milliarden Jahren bestehenden >Naturgeschichte<? Ist >Geschichte< eine natürliche organische Weiterentwicklung der evolutionären Prozesse, wie es sie vor allem bei evolutionären Umschlägen von chemischen Prozessen hin zum biologischen Leben oder auch vom Affen hin zum Menschen gab? Kann der Begriff >Geschichte< mit der Entwicklung der

Schrift oder aber mit dem Schritt zum >Staat< verbunden werden (und was ist unter >Staat< dabei genauer zu verstehen, was in Bezug auf die historische Entwicklung eine echte Frage ist, s.u.)?

An diesem Punkt kam ich zu einem für mich eindeutigen Ergebnis, das ursprünglich mit dem Theorem der Neolithischen Revolution verknüpft war.

Wenn man unter >Geschichte< den spezifischen historischen Begriff meint, dann ist er im Entscheidenden mit dem Schritt von dem in der Natur eingebundenen Leben hin zu dem Leben auf selbst geschaffenen Grundlagen zu verbinden. Denn damit wurde eine neue Dimension in der menschlichen Existenz eröffnet, die entsprechenden Fortschritt ermöglichte, aber auch von uns Menschen zu steuern und zu verantworten ist. Wenn man etwa aufgrund kaputter Bremsen oder aufgrund von Trunkenheit am Steuer einen Unfall mit Toten baut, ist das effektiv von Naturkatastrophe zu unterscheiden. Diese Auseinandersetzung ist angesichts der menschlich selbst geschaffenen Grundlagen in der historischen Entwicklung absolut substanziell und entscheidend. Vor allem angesichts der heutigen Konsequenzen ist hier unbedingt auf eine begriffliche und methodologische Sauberkeit und Klarheit zu bestehen, soweit sie bislang möglich ist.

War der Begriff >Geschichte< für mich somit effektiv definiert, stellte sich nun die Frage, mit was sich dieser Begriff nun genauer in Verbindung bringen ließ. Gab es einen bestimmten Anfang, der hier die entscheidenden Fortschritte auslöste, und wenn ja, worin erklärten sich die Probleme, die es bis dahin menschlich nicht gegeben hatte? Handelte es sich um einen schleichenden graduellen Prozess aufgrund der zunehmenden menschlichen Erfahrung, der sich weder zeitlich noch mit einem einzige bestimmten Punkt in Verbindung bringen ließ, sondern nur irgendwann in der Summe vieler Schritte dieses Resultat erbrachte? Oder gab es sehr bestimmte Ereignisse, die die historische Entwicklung begründeten, und wenn ja, welche?

Tatsächlich sollte ich für mich damit zu sehr bestimmten Ergebnissen kommen, die ich in diesem Buch vorstellen möchte. Allerdings sind damit noch nicht solche Endergebnisse wie bei der geographischen Weltkarte erreicht.

Daraus ergibt sich hier vorläufig eine Grenze. Denn an sich begreife ich die Rekonstruktion des äußeren historischen Weges nur als den ersten Schritt. Das eigentlich Spannende und Relevante ist für mich die Auseinandersetzung, was dieser historische Weg zum Ausdruck bringt und welche Erfahrungen wir daraus für die Zukunft erschließen können.

Wir befinden uns heute in einer Situation, wo eine solche Auswertung des historischen Weges möglich geworden, diese aber auch dringend an der Zeit ist. Wir können wichtige Fortschritte erkennen, die mit einer guten Analyse noch weiter gefördert werden können. Denn wir transportieren z.T. schon Jahrtausende alte Probleme wie etwa das schon über 10.000 Jahre alte ärgerliche >grammatische Geschlecht< (s.u.) unserer Sprache/n mit uns herum. Es ist überfällig, alten behindernden Ballast zu entrümpeln wie auch alte Fehlentwicklungen und Ausfälle zu beheben. In der übergreifenden historischen Perspektive wird so einiges sichtbar, was es noch zu bewältigen gibt, wollen wir alten historischen Fehlentwicklung nicht zum Opfer fallen, wie es z.B. vor noch nicht langer Zeit mit dem 3. Reich oder den Weltkriegen der Fall war.

Doch wie gesagt stellen sich mir noch einige Probleme in Hinsicht auf die Rekonstruktion des historischen Weges dar. Es hieße in manchem den zweiten Schritt vor dem ersten zu tun, vor bestimmten Klärungen des Weges dessen Inhalte bewerten zu wollen. Gerade auch die sich abzeichnenden Ergebnisse raten zu einer gewissen Vorsicht.

Von daher werde ich in Bezug auf dieses Weitergehende in diesem Buch nur paar Hinweise bieten. Sehr wohl gibt es – auch schon länger – weitergehende Forschungsarbeiten. Ich halte es jedoch für notwendig, diese Einschätzungen neu in Verbindung mit dem sich abzeichnenden neuen Geschichts-Modell zu prüfen.

Doch im Eigentlichen geht es nicht bloß um eine äußere Rekonstruktion des historischen Weges. Die historische Entwicklung ist so etwas wie die 3. Dimension der menschlichen Existenz, wozu es auch die Dimensionen von Neurologie und Psychologie usw. gibt. Erst in dieser Verbindung wird die tatsächliche menschliche Realität erfasst.

Die historische Entwicklung geht mit entsprechenden kognitiven, mentalen und psychischen Veränderungen einher, und auch in dieser Hinsicht sind nicht bloß die Fortschritte zu betrachten und zu sehen, wie es sich u.a. mit dem Faschismus belegt. Ohne die Beachtung dieser kritischen Gegebenheiten werden wir nicht aus den historisch entstandenen Problematiken herauskommen.

Insofern geht es bei der Rekonstruktion der äußeren Entwicklungsprozesse auch um ein Verstehen, wie dies mit den mentalen und psychischen Entwicklungen korrespondiert. In diesem Erschließen läge erst die eigentliche Bedeutung einer Historiologie wie auch die Chance, die historischen Fehlentwicklungen beheben zu können.

Mit dem vorliegenden Werk möchte ich einen Beitrag leisten, der einige neue Erkenntnisse einbringt und der auch Neuentwicklungen in Richtung einer historisch Neuen Kultur ermöglicht.

Christoph W. Rosenthal

Hinweis

Im Unterschied zu den **runden Klammerzeichen** (...) sind die **eckigen** Klammerzeichen [...] *in Zitaten* Ausdruck meiner Bearbeitung [= CR]. Dies schließt auch mitunter eine Bemerkung [*kursiv abgesetzt*] ein. Dies wird an den Stellen nicht jeweils vermerkt.

Wer nicht von dreitausend Jahren
Sich weiß Rechenschaft zu geben,
Bleib im Dunkeln unerfahren,
Mag von Tag zu Tage leben

J.W. Goethe, West-Östlicher Diwan

Heute ist vielmehr von 13.000 Jahren zu sprechen, zumindest mit dem Überblick wie bei einer Weltkarte. Bei Zeile 3 würde ich vom Inhaltlichen her ergänzen:
Bleib im Gestern tief verfahren

1 Zum Thema Geschichte

Der Prozess der historischen Entwicklung erweist sich als der bestimmendste Sachverhalt der menschlichen Existenz, der auch das Persönliche vom Äußeren bis hin zur Sozialisationsprägung, zu dem Denken und der Sprache effektiv umfasst.

Leider gehört es zu den Problemen der bisherigen historischen Entwicklung, dass man diesen menschlich selbst geschaffenen Prozess recht bald nach den Anfängen am Ende der Eiszeit aus dem Griff und dann auch aus dem Blick verlor.

Daraus ergaben sich mythologische Weltbilder aller Art, die sich die Diskrepanzen zwischen seinen Gefühlen und den neuartigen äußeren Gegebenheiten der historischen Entwicklung oder auch seine Ohnmacht bzgl. unerfreulicher Gegebenheiten wie Macht, Gewalt und Kriege usw. zu erklären versuchten.

So gab es bis zur jüngsten Zeit tatsächlich keine Möglichkeit, den historischen Weg objektiv (wie auf einer geographischen Weltkarte) zu überschauen, und also nicht das Potential, den menschlich selbst betriebenen historischen Prozess korrekt auszurichten. Oft genug hat man sich bei seinen Absichten in der Gegend verirrt und gehörig in der Richtung vertan. Liefen die Prozesse im eigenen Gefühl günstig, schrieb man sich dies gerne als Resultate seiner Fähigkeiten zu. Alles andere wurde in mythologischen, fantastischen oder ideologischen Erklärungen aller Art verdrängt.

Erst im 19. Jahrhundert waren die technischen Entwicklungen und das Knowhow so weit, mit einer wissenschaftlichen Erforschung der Geschichte und dann auch der Evolution beginnen zu können. Doch weit mehr, als man damals sehen und ahnen konnte, übernahm man dabei Ideologien und vorwissenschaftliche Vorstellungen, was immer noch wirksam ist.

9500 – 8500 v. Chr.

„Vom Körtik Tepe stammen zahlreiche ritzverzierte Steingefäße. Ein Bruchstück [s.o.] zeigt Schlangen und Skorpione." Zitat und Nachzeichnung nach: Klaus Schmidt: Sie bauten die ersten Tempel, S. 188

Fotos und Zeit-Angabe in: Badisches Landesmuseum Karlsruhe: Vor 12.000 Jahren in Anatolien, S. 102, 303

18

1.1 Die historische Dimension der menschlichen Realität

Angesichts der historischen Entwicklung erscheint eine taugliche Weltgeschichts-Karte als die einzig adäquate Form, die gegenwärtigen Verhältnisse in der menschlichen Realität verorten und verstehen zu können. Dies ist die Voraussetzung dafür, die historisch entstandenen Fehlentwicklungen beheben und einen wünschenswerten Weg für die Zukunft ausmachen zu können.

Es wird heute durch den Weltmarkt deutlich, mit welchen Dimensionen wir es mit der historischen Entwicklung zu tun haben. Nicht erst mit der Christianisierung und nicht erst mit dem Neolithikum mit Ackerbau und Viehzucht wurden wir und andere Teile der Welt von andersweiten Entwicklungen wie etwa im Nahen Osten erreicht.

Die Herkunft des ärgerlichen grammatischen Geschlechts wie etwa auch *die Sonne – der Mond* usw., das in dieser Form eine spezielle gemeinsame Eigenart der indogermanischen und der semitisch/afroasiatischen Sprachfamilie ist,[2] bringe ich aus etlichen Gründen mit Göbekli Tepe in der Ära von 8.800 – 8.000 v. Chr. in Verbindung. Hierbei ist das grammatische Geschlecht schon Ausdruck einer bereits umfassend entwickelten sexisti-

---

[2] „Dass Indogermanisch und Hamito-Semitisch [*heute >Afroasiatisch<*] in irgendeiner Weise näher zusammengehören, ist sicher. Der allgemeinste Sprachbau dieser beiden großen Sprachgruppen in Wortbildung, Flexion und Syntax ist sehr verwandt; vor allem sind sie die einzigen Sprachen der Welt, die voll flektierend sind und die eigenartige Erscheinung des grammatischen Geschlechts besitzen."
Ernst Meyer, in: Anton Scherer: Die Urheimat der Indogermanen, S. 280

schen Geschlechts-Ideologie. Wir müssen uns also hierbei mit Problemen herumschlagen, die schon über 10.000 Jahre alt sind – dies ist hier nur als *ein* Beispiel und Anhalt gemeint.

Wir sind nicht keineswegs von akuten neuen Prozessen berührt. Die immer noch bestehende Vorstellung, dass ein paar Jahrhunderte in der allgemeinen Realität ein hohes Alter wären, ist altertümlich und unaufgeklärt. Bei dem Beginn der Geschichtswissenschaft im 19. Jh. hielt man die Menschheit für gerade einmal 6.000 Jahre alt (wie man *aus der Bibel* entnehmen zu können meinte). Gerade die Modernisierung dieses Geschichtsbildes durch die Evolutionstheorie führte noch am Ende des 19. Jh. – selbst bei Friedrich Engels (s.u.) – gar dazu, die griechische Antike – also vor gut 2500 Jahren – für den erstmaligen richtigen Ausdruck der Entwicklung von Kultur und bis dahin noch eher ein evolutionäres Tier-Stadium des Menschen zu sehen. Nach dem Rückfall in das entsprechend genannte >(finstere) Mittelalter< hätte mit der Wiedergeburt (= *Renaissance*) der Antike die Entwicklung von Kultur erst wirklich mit der Moderne und der Industriellen Revolution begonnen.

Tatsächlich erscheinen die bislang gängigen Geschichts-Modelle und -Vorstellungen wie die damaligen Weltkarten mit der Erde als Scheibe. Man übersehe dabei nicht, dass auch diese Weltkarten schon auf echter Forschung basierten und auch schon überaus beträchtliche Fortschritte erreichten, ohne die auch ein Kolumbus gar nicht zu verstehen ist. Nur erreichten diese Weltkarten mit der Erde als Scheibe bei allen noch so imposanten wissenschaftlichen Forschungen und Vermessungen noch nicht das entscheidende Resultat der geographischen Kartenwerke.

Es geht hier nicht um Polemik, sondern um das gleiche Problem, das hinter der Weltkarte mit der Erde als Scheibe stand: man konnte von den bisherigen und tradierten Vorstellungen gar nicht *ahnen,* wie es sich tatsächlich mit der Wirklichkeit verhielt. Exakt dies gilt heute noch für das Verständnis der Humanevolution und für unsere historische Realität. Wo im 19. Jh. für den

Beginn der Menschheit noch ca. 6.000 Jahre angesetzt wurden, sieht man heute eher 2,5 Mio. Jahre, und dabei ist man noch gar nicht wie damals bei dem Beginn des Kosmos und der Welt und nicht einmal bei dem Aufkommen der Primaten. Aus der wissenschaftlichen Perspektive sind heute ein Jahrtausend nur evolutionäre Minuten oder Sekunden. Die rund 13.000 Jahre der historischen Entwicklung sind in Generationen bei den Mikroorganismen vielleicht ein bis zwei Wochen. Die einfachen Affen (Anthropoiden) existieren bereits über 30 Mio. Jahre – das muss eine >Hochkultur< erstmal erreichen, bevor man sich plustert. Dass man für einige Sekunden die Luft anhalten kann, ist kein Beweis, ohne Luft leben zu können. Sofern man nicht nach dem Motto „nach mir die Sintflut" lebt, verknüpfen sich damit echte Fragestellungen. Doch nichts von diesen Fragestellungen wird ohne ein Verstehen der historischen Entwicklung verständlich - und lösbar.

Konnte es bei dem weltanschaulichen Hintergrund der Weltkarte mit der Erde als Scheibe egal sein, ob diese Erdscheibe etwas kleiner oder größer war und dass es hinter den Azoren noch eine weitere Insel namens Amerika gab, sollte sich dies mit der neuen Weltkarte recht anders darstellen.

Dies ist bei der sich inzwischen abzeichnenden Weltgeschichts-Karte noch ganz anders der Fall. Dabei geht es freilich im Eigentlichen nicht um Steinwerkzeuge und nicht um Dampfloks, die wohl für Liebhaber interessant, aber ansonsten tatsächlich >Geschichte< sind. Solche Darbietungen von Humanevolution und von Geschichte können dem keine Relevanz vermitteln, aber sie gehen auch an dem Eigentlichen vorbei.

Die historische Entwicklung ist hier eher mit dem Bau eines großen Gebäudekomplexes zu vergleichen, wo wir in mehr oder weniger höheren Etagen leben. Die entscheidenden Grundlagen unserer Kultur wurden von der sprachlichen über die soziale bis zur politischen Anlage seit der Zeit vor 13.000 Jahren aufgebaut. Die bis heute wirksamen Weichenstellungen erfolgten schon in der Frühgeschichte, im Grundlegenden bereits vor ca. 13.000 Jahren. Das Weitere verknüpft sich mit dem Ausbau dieser

Grundlage, mit Aufstockungen, Ausschmückungen wie auch mit notwendig werdenden Nachbesserungen.

Aus diesem Alter resultieren auch die heutigen Probleme. Unsere rund 12.000 Jahre alte Gesellschaftsanlage ist in etwa endgültig an ihre Grenzen gekommen. Der Punkt ist nicht, wie man noch weitere Etagen auf diesen Bau gesetzt bekommt, sondern dass das damalige Fundament nicht für die ganzen Etagen ausgelegt war, die bereits darauf aufgebaut worden sind. Tatsächlich waren die damaligen Ansätze auch nur Verlegenheitslösungen unter größeren Naturkatastrophen, die zuerst gar nicht auf Dauer, aber vor allem nicht auf eine Weiterentwicklung in der späteren Form angelegt waren.

So haben wir es damit zu tun, dass das vor ca. 12.000 Jahren geschaffene gesellschaftlich Fundament nicht mehr tragfähig ist, und es besteht durchaus ein effektiver Handlungsbedarf, weil das Fundament schon bedenklich bröselt. Doch die meisten Probleme, die im Bewusstsein sind, erklären sich aus der völlig falschen Weltkarte. Man wähnte sich etwa schon in Indien, und es wird nun deutlich, dass man in einer >Karibik< gelandet ist.

Es gibt wohl Schwierigkeiten, die aber, richtig verstanden, gar nichts Neues sind. In Wirklichkeit besteht inzwischen längst in jeder Hinsicht das Potential, die historisch entstandenen Probleme zu beheben, und auch, eine dauerhafte wünschenswerte Kultur zu schaffen. Die Geschichte ist voller Beispiele produktiver Kulturen und fortschrittlicher Entwicklungen, dass auch auf Hightech nicht verzichtet werden muss - wenn man den Kollaps-Problemen zuvorkommt.

Doch dafür braucht es eine taugliche Weltgeschichts-Karte. Ohne das Verstehen der historischen Entwicklung ist man zu dem wirklich entscheidenden Umbau nicht in der Lage, weil man das Eigentliche gar nicht in den Blick bekommt und seine Ansätze an den völlig falschen Punkten festmacht. Die entscheidenden Probleme verknüpfen sich zunächst einmal und hauptsächlich mit dem vor etlichen Tausend Jahren geschaffenen Fundament. Es ist hiervon so vieles aus dem Bewusstsein verloren, verinnerlicht, unverstanden oder auch völlig anachronistisch geworden, dass man ohne ein entsprechendes Verstehen sehr schnell dabei ist, die historisch entstandenen Probleme nur unter einem neuen Anstrich zu wiederholen oder gar noch verbessert zu verschärfen, s. etwa China oder die hiesige Monetarisierung, die die ökonomischen Probleme nicht etwa löst, sondern entwickelt.

Das Sexismus-Problem ist dafür nur ein Beispiel und auch nur *ein* Element eines umfassenderen Zusammenhangs. Die historische Entwicklung berührt nicht bloß Techniken und äußere Gegebenheiten wie die Sesshaftwerdung und die Urbanisierung, sondern auch den mentalen und den psychischen Bereich, ja selbst die körperliche Ebene. Wenn auch manches davon mit den früheren historischen Fehleinschätzungen verbunden ist, so hat doch Sigmund Freud davon schon einiges bereits vor über hundert Jahren erkannt.

Wenn hier auch immer noch einige Forschungsprobleme bestehen, so verfügen wir doch heute über das Potential, nicht nur die historische Entwicklung, sondern selbst die evolutionäre Entwicklung bis weit über die Humanevolution hinaus zu überblicken. Daraus ist ein völlig anderes Verständnis der Humanevolution und der bisherigen Geschichte entstanden. Die Historiologie ist im Rahmen der Geschichtswissenschaft der entsprechende Fachbereich, die übergreifenden Logiken der historischen Entwicklung zu erschließen.

Die sexistische Problematik der Vokabeln >Mann< und >Frau< wird bei den frühen sumerischen Schriftzeichen (rechts) bestens erkenntlich. Das obere Zeichen steht für >Mann< und stellt nach den Auffassungen entweder einen Oberarm (für Arbeitskraft) oder einen Penis dar.

1.2 Zu den vorwissenschaftlichen Hintergründen des bisherigen Weltgeschichts-Bildes

Es macht Sinn, zunächst kurz auf die historische Entwicklung des Geschichts-Bildes einzugehen, um die Probleme der immer noch bestehenden vorwissenschaftlichen Hintergründe des gängigen Geschichts-Modells besser sehen und verstehen zu können.

Als Einstieg dazu möchte ich mit einem pointiert formulierten Zitat des israelischen Geschichtsprofessors Yuval Harari beginnen:

„Lange wollte uns die Wissenschaft den Übergang zur Landwirtschaft als großen Sprung für die Menschheit verkaufen und erzählte uns eine Geschichte von Fortschritt und Intelligenz. Im Laufe der Evolution seien die Menschen immer intelligenter geworden. Irgendwann seien sie dann so intelligent gewesen, dass sie die Geheimnisse der Natur entschlüsseln konnten und lernten, Schafe zu halten und Weizen anzubauen. Danach gaben sie begeistert das entbehrungsreiche und gefährliche Leben der Jäger und Sammler auf und ließen sich nieder, um als Bauern ein angenehmes Dasein im Wohlstand zu genießen.

Das ist jedoch ein Ammenmärchen." [3]

Es sollte mehr als überfällig sein, ein Geschichts-Bild aufzugeben, dass nicht bloß an einigen Stellen Fehler aufweist, sondern sich an dem entscheidenden Ausgangspunkt des Geschichts-Modells als >Ammenmärchen< erweist.

---

[3] Yuval Noah Harari: Eine kurze Geschichte der Menschheit, S. 104

Die Probleme der immer noch gängigen Geschichts-Modelle erklären sich aus der Entstehungsgeschichte der Geschichtswissenschaft sowie daraus, dass wir den erreichten Stand an Wissenschaftlichkeit allgemein gerne überschätzen.

Dabei sind die erreichten Einsichten der Archäologie und Geschichtswissenschaft an sich überaus beträchtlich. Wenn ich dennoch den Stand des gängigen Bildes von Humanevolution und Geschichte mit der Vorstellung von der Erde als Scheibe vergleiche, geht es nicht darum, der bisherigen Forschung Respekt und wissenschaftliches Bemühen abzusprechen.

Freilich galt dieses wissenschaftliche Bemühen auch für die Entwicklungen der geographischen Kartenwerke im 15. Jh. Doch so beträchtlich die wissenschaftlichen Entwicklungen der Geographie im 15. Jh. waren, so änderte dies nichts daran, dass sie noch nicht das wissenschaftliche Endergebnis mit der Erde als Kugel erreichten. Sie konnten bei allem wissenschaftlichen Bemühen zunächst nicht ahnen und auch noch nicht erkennen, dass ihre Voraussetzungen auf Mythologien basierten.

Der Versuch der Verwissenschaftlichung der tradierten >Informationen< bedeutet noch lange nicht, die mythologischen Grundlagen überwunden zu haben. In Teilen produzierte der Versuch der Verwissenschaftlichung der Mythologien überhaupt erst die krudesten Vorstellungen. Die Germanen hatten nicht die Angst, am „Ende der Welt" von einer >Weltscheibe< herunterzufallen. So war ihr Modell gar nicht gemeint gewesen.

Diese Problematik galt auch in historischer Hinsicht. Das aufkommende Evolutions-Modell hat dies zunächst einmal nicht etwa gelöst, sondern noch erheblich verschärft. Dass daraus auch die faschistische Ideologie entsprang, sollte davor warnen, zu einfach damals verbreitete Vorstellungen von Evolution und Geschichte als Tatsachen zu übernehmen.

Selbst ein Friedrich Engels, der insgesamt recht gut informiert und an sich auch progressiv motiviert war, meinte noch gegen Ende des 19. Jahrhunderts entsprechend der damals **modernen** und **wissenschaftlich** verbreiteten **Vorstellung**:

> „In diesem Sinne sind wir berechtigt zu sagen: Ohne antike Sklaverei kein moderner Sozialismus. [...] Es ist nun einmal eine Tatsache, dass die Menschheit vom Tiere angefangen und daher barbarische, fast tierische Mittel nötig gehabt hat, um sich aus der Barbarei herauszuarbeiten." [4]

Nur handelte es sich dabei nicht um eine Tatsache, sondern letztlich um die damalige imperialistische Ideologie, die somit auch von der Linken übernommen wurde und nicht nur im Osten entsprechende Konsequenzen zur Folge hatte.

Diese *Vorstellung* erklärt sich von dort her, dass die damaligen Ansätze der Geschichtswissenschaft die Menschheit für gerade einmal 6.000 Jahre alt hielten, wie man der Bibel entnehmen zu können meinte. Diese Auffassung bestand noch, als die Evolutionstheorie dazu kam. Jetzt wurde auch noch die Evolution in diesem Zeitraum von 6.000 Jahren untergebracht. Von da aus erschien nun das antike Griechentum vor gerade einmal 2500 Jahren als der erstmalige handfeste Ausdruck der Entwicklung von Kultur und eines Hinauskommens über die „Tierstufe des Menschen" (das höhere Alter des Alten Orients war hier noch nicht im Blick). Entsprechend wurde die ausgedehnte Sklaverei in Griechenland als Ausdruck einer hier noch bestehenden Tier-Stufe des Menschen und einer „Armut der Natur" gedeutet, die ohne die Industrialisierung eine solche Ausbeutung notwendig gemacht hätte. Doch mit der Evolution des Menschen kann diese Zeit nach heutigen Einsichten ganz und gar nicht mehr in Verbindung gebracht werden. Dass es sich ganz im Gegenteil auch bei den Griechen um eine **historische** Eskalation von Barbarei incl. Sklaverei handelte, lag damals jenseits des bestehenden Horizonts.

---

[4] Friedrich Engels: Anti-Dühring, S. 168; verfasst 1877, unkorrigiert 1894

In der damaligen Vorstellung erklärte man sich die „Wilden"
und später selbst noch den modernen Faschismus als Relikt der
„Tierstufe des Menschen". Die griechische Antike erschien als
erstmaliger Ausdruck der eigentlichen Entwicklung von Kultur.
Daran hatte man nach dem Rückfall in das >Mittelalter< in Europa mit der Renaissance = der *Wiedergeburt* der Antike neu an-
schließen können, und jetzt war mit der Industriellen Revolution
ein neues Kapitel der Menschheit aufgeschlagen, wo ein gutes
Leben ohne Ausbeutung zur Option wurde.

Die davor angesetzte „Tierstufe des Menschen" [5] stellte man
sich in evolutionärer Hinsicht als eine Mischung aus Schimpan-
sen [6] und >Wilden< samt Kannibalismus vor. Die Entdeckung
der Überreste des >Neandertalers< kam dazu passend. Mit der
primitiver anmutenden Stirn wurde der Neandertaler in völlig
freier Fantasie als primitiver Trottel und mit einer Keule als
Kampfwaffe *ausgemalt*.

So sehr das Motto >Survival of the Fittest< sein Recht hat, so
wenig ist es haltbar, von dort her das Leben als ein permanentes
Kampfszenario auszudeuten. Das ist eine faschistoide Weltanschauung. Ohne Zweifel gibt es den Tod, und es gibt auch die
Raubtiere, aber von Natur her normalerweise nur in dem Ausmaß, dass dies das Anwachsen der Bestände ihrer Beute verhin-
dert, was sonst die Natur übernutzen würde. Insofern wurde
längst verstanden, dass Raubtiere in eingespielten Biotopen eine
wichtige ökologische Funktion haben.

---

[5] Es gibt keine evolutionäre Tierstufe des Menschen. Die Humanevolution
liegt zwischen Tier und unserer Art Homo sapiens. Wo Mensch ist, ist (vom
Biologischen her) nicht mehr Tier. Barbarei usw. erklärt sich immer aus
einem Mangel an Kultur oder aus pervertierter Kultur.
[6] Die merkwürdige wissenschaftliche Bezeichnung *Pan troglodytes* (griech.
troglodytes >Höhlenbewohner<) für den >Gemeinen Schimpansen< rührt
daher, dass in der Frühphase der Evolutionstheorie der Mensch der Frühzeit
als Höhlenbewohner gedacht und der Schimpanse damit in Verbindung
gebracht wurde. Obwohl der Schimpanse der engste lebende evolutionäre
Verwandte des Menschen ist, trennten sich die Linien schon vor mindestens
5 Mio. Jahren, und es liegen *mehrere* evolutionäre Stufen dazwischen.

Doch trifft es zu, dass es auch das Problem mangelnder evolutionärer Fitness gibt. Der Faschismus ist das beste Beispiel dafür: wie ein solches Gewaltverhalten in Krieg und gesellschaftlichem Ruin mündet. Tatsächlich berührt dies in der humanevolutionären Entwicklung ein entscheidendes Problem. Wir werden in dem nächsten Kapitel darauf noch einmal zurückkommen.

In Hinsicht auf das Geschichts-Modells ist es überaus bezeichnend, dass die Idee der >**Fortschrittsgeschichte**< nicht etwa aus den Erkenntnissen der Geschichtswissenschaft stammt, sondern dieser bereits vorausging und umgekehrt deren Grundlage stellte. Dass sie im Besonderen im Kontext der Französischen Revolution ihre besondere Ausprägung fand, ist hierbei bezeichnend (hier hatte Rousseau noch deutlich andere Einschätzungen):

„>In emphatischster Form und vollständigster Ausbildung< (Angehrn) zeigt sich die Fortschrittsidee am Kulminationspunkt der Französischen Revolution 1794 mit dem Erscheinen von Condorcets >Entwurf einer historischen Darstellung des Fortschritts des menschlichen Geistes<. Condorcet verband mit seinem Fortschrittsmodell, das zur Basis der klassischen Geschichtsphilosophie wurde, mehrere Grundanschauungen: Die Geschichte im Ganzen steht für ein Vorankommen der Menschheit; der Prozess vollzieht sich manchmal beschleunigt, dann wieder verlangsamt, jedoch irreversibel und ohne Rückschritt; er ist notwendig und verläuft gesetzmäßig; auf die Zukunft bezogen setzt er sich kontinuierlich und ohne bestimmbare Grenze der Vervollkommnung fort." [7]

Mögen diese *Vorstellungen* einer >Fortschrittsgeschichte< nicht ohne jeden Grund sein, so bleibt doch festzustellen, dass es noch keine Geschichtswissenschaft und auch noch nicht den nötigen historischen Datenbestand gab, dass man darin mehr als eine *damalige Vorstellung* sehen könnte.

---

[7] Wikipedia: Geschichtsphilosophie (9.7.22, 3:36)

Das dabei vorausgesetzte Modell aus >Altertum – Mittelalter – Neuzeit< war gar noch älter und ging aus dem Begriff >Renaissance< (der >Wiedergeburt< der Antike) selbst hervor. So sehr wir diese Begriffe noch für die europäische *Regional*-Geschichte gebrauchen können, so sind sie doch in ihrem älteren Sinn inzwischen Unsinn. Gesamtgeschichtlich wäre unter >Mittelalter< etwas völlig anderes zu verstehen.

Das mit diesem Modell verbundene Rechnen in >vor/nach Christus< ist ebenfalls problematisch und sollte der Kirche überlassen werden. Es ist kulturell nicht neutral und vermittelt auch eine falsche Vorstellung des Alters der Geschichte. Wir befinden uns nicht im Jahre 2023, sondern von unserer Art Homo sapiens (HS) etwa im Jahre 202.023 oder mindestens 122.023 HS und vom Historischen her im Jahre 13.023 HIS. Man könnte auch einfachheitshalber das Jahr 10.000 v. Chr. als das Jahr 0 ZG (Zivilisationsgeschichte) nehmen.

Auch der >geschichtswissenschaftliche< Begriff von >**Geschichte**< war schon vor einer eigentlichen Geschichtswissenschaft ausgeprägt, und zwar von Hegel.

„Für Hegel beginnt die Geschichte mit der Entstehung der Staatlichkeit, alles davor nennt er >Vorgeschichte<." [8]

Wenn die Geschichtswissenschaft heute den Begriff Geschichte in ihrer Theorie durch den Bestand von >Schrift< definiert, lief dies auf das Gleiche hinaus, da die Entstehung von >Staat< und von >Schrift< mit Sumer und Ägypten (vor rund 5.000 Jahren) praktisch gleichgesetzt wird. Sicher macht die Unterscheidung der Arbeitsbereiche von Archäologen und Historikern Sinn. Von *daher* kann man >Geschichte< als Begriff für die >historische Entwicklung< in >Frühgeschichte< und >Geschichte< unterteilen, solange daraus nicht (wie früher) die Vorstellung folgt, dass der Beginn der historischen Entwicklung erst vor rund 5.000

---

[8] Wikipedia: Geschichtsphilosophie (9.7.22, 3:36)

Jahren gelegen hätte. Das ergäbe eine völlig verzerrte, willkürliche und ideologische Auffassung von Kultur, Geschichte und der historischen Zusammenhänge. Doch ist dieser doppelte und dreifache Sinn des Begriffs >Geschichte< immer noch eine Quelle von Missverständnissen und der Tradierung überholter Vorstellungen.

In dem Kontext des neuen Begriffs der >Vorgeschichte< erhielt auch der Begriff „**Steinzeit**" einen wissenschaftlichen Rang.

Dabei war der seit **1836** (von dem Dänen Christian Jürgensen Thomsen) in der Geschichtswissenschaft etablierte Begriff >Steinzeit< ursprünglich sinnvoll und ein bedeutsamer Fortschritt. Damit wurde Hegels Begriff der Vorgeschichte in Steinzeit, Bronzezeit und Eisenzeit differenziert. Daraus ergab sich bei der damaligen Vorstellung, dass die Menschheit 6.000 Jahre alt sei (was schon als sehr viel betrachtet wurde), etwa folgendes Modell:

Modell von 1836   (ca. ein Punkt pro Jahrhundert)

>	**Vorgeschichte**	<	>	**Geschichte**	>>
....					
....	....	....	....	....	......	..
Steinzeit	Bronzezeit	Eisenzeit	Antike	Mittelalter	Neuzeit

Dieses Modell war absolut plausibel kategorisiert. Wie unsinnig es jedoch angesichts der heutigen Daten geworden ist, zeigt die folgende grafische Vergegenwärtigung:

Das Verhältnis von Steinzeit zu Geschichte beträgt nach der gängigen Auffassung 2,5 Mio. zu 5.000 Jahre = 500 : 1, aber auch das nur, wenn man eine überalterte Definition gebraucht.

Von einer zutreffenden Kategorisierung wäre unter *dieser* Voraussetzung die gesamte Geschichte bis **heute** unter >Steinzeit< zu fassen, stammen unsere **kulturellen** Grundlagen aus der Frühgeschichte aus Mesolithikum, Neolithikum und Chalkolithikum, also der „steinzeitlichen Phase" der Geschichte. Die nachfolgenden Epochen Bronzezeit, Eisenzeit und das Atomzeit-Alter sind lediglich technologische Stadien der weiteren Entwicklung: der >Steinzeit< (s.u.).

Doch ist das Konzept der „Steinzeit" inzwischen wie eine Beschreibung: es gibt Boston, Texas, Brasilien und Amerika. Das ist zwar nicht falsch, nur in konzeptioneller Hinsicht Unsinn, da hiermit nach heutigen Einsichten völlig unterschiedliche Dimensionen als gleichartig nebeneinander aufgeführt sind.

Diese Problematik wird auch nicht mit der – auch bereits **1865** – (von John Lubbock) aufgestellten Differenzierung in Altsteinzeit (Paläolithikum) und Neusteinzeit (Neolithikum) gelöst. Wegen seiner hohen historischen Bedeutung versucht man mit dem auch schon **1936** aufgestellten Modell der >**Neolithischen Revolution**< noch immer zu arbeiten, obwohl es schon bald aufgrund neuer Funde substanziell abgewandelt werden musste. Wohl enthält dieses vor über 80 Jahren aufgestellte Modell immer noch einige wichtige Erkenntnisse, aber als Ganzes ist dieses Modell in der ursprünglich gedachten Form schon lange nicht mehr zu halten. Man spricht noch immer von der >Neolithischen Revolution<, aber sieht sie nicht mehr als Revolution, sondern als eine langsame ältere organische Entwicklung, die man ggf. archäologisch auch nur an einem Hütten-Baustil festmacht, den man früher mit Nahrungsproduktion in Verbindung brachte …

Das ganze Problem liegt darin, dass diese Konzeption mit ihren Begrifflichkeiten und Definitionen so aktuell ist wie die ersten Dampfloks. Sie ist unter völlig anderen Voraussetzungen in dem älteren Daten-Bestand erstellt worden. Damit transportieren sich entsprechend überholte Vorstellungen.

Diese Problematik wird nicht durch ständige Neudefinitionen der alten Begriffe behoben. Es geht nicht bloß darum, dass einige Entwicklungen schon etwas älter als früher gedacht wären, wie die Erde durch die Entdeckung von Amerika nicht als eine etwas größere Scheibe zu verstehen war. Die Grundlagen dieses Geschichtsmodell selbst sind überholt (>Ammenmärchen<). Die Begrifflichkeiten passen nicht mehr zu den heutigen Fakten. Im Grunde wäre der gesamte Begriffskomplex der >Steinzeit< samt seinen Unterteilungen zu ersetzen. Doch sind auf jeden Fall die neueren Einsichten bzgl. der historischen Entwicklung zumindest in Hinsicht auf das Verständnis von >neolithisch< von Konsequenz (s.u.).

Krudes Durcheinander von Evolution, Kultur und Geschichte

Da die Geschichtswissenschaft im 19. Jh. unter der Vorstellung entwickelt wurde, die Menschheit sei gerade mal – dann auch noch samt Evolution - 6.000 Jahre alt, entstand ein krudes Durcheinander von Evolution, Kultur und Geschichte, das in vielem heute noch fortwirkt.

Wie schon das Zitat von Friedrich Engels, dem hier keine reaktionäre Absicht unterstellt werden muss, zeigt, verfuhr man damals nach dem Deutungsschema, wo man einen Komplex aus *Fortschritt – Zivilisation – Kultur – Technik* als dem Inbegriff alles >Guten< dem >Schlechten< von *Vergangenheit – Primitivität – Gewalt (- finsteres Mittelalter) – Barbarei* und *Chaos* gegenüberstellte. Das ist nach heutigen Einsichten völlig abstrus, aber trotzdem immer noch wirksam.

Von den früheren Daten stellte sich die historische Entwicklung als Umschlag von der biologischen Evolution zur kulturellen Evolution dar. Doch bei den heutigen Daten lässt sich hier ein solcher Zusammenhang nicht mehr herstellen. Die kulturelle Evolution ist vielmehr der humanevolutionäre Prozess selbst, mit dem Ergebnis der kulturalen Anlage unserer Art Homo sapiens. Wir könnten genetisch nicht das kulturale Wesen sein, wäre dem nicht so. Was dies meint, wird im nächsten Kapitel noch einmal aufgenommen.

Auf jeden Fall erklärt sich die Geschichte nicht aus einem Beginn der Entwicklung von Kultur, die vielmehr der Inhalt der Humanevolution ist. Bei den eiszeitlichen Homo sapiens handelte es sich um >Menschen wie du und ich<. Davon, dass sie und die eiszeitliche Kultur des Homo sapiens in irgendeiner Form primitiv gewesen sei, kann von den wissenschaftlichen Einsichten her keine Rede sein – ganz im Gegenteil. Auch dieses Thema soll nochmal aufgenommen werden.

Ein springender Punkt ist die alte Vorstellung, dass sich die Probleme von Macht, Gewalt und Barbarei von der humanevolutionären Entwicklung her erklären und durch die zivilisatorische Entwicklung überwunden würden.

Doch wo man früher noch bis zu den Griechen die Probleme von Macht, Gewalt, Barbarei und Sklaverei einer evolutionären Tierstufe des Menschen zuweisen konnte, ist eine solche Deutung angesichts der völlig veränderten zeitlichen Daten effektiv keine Möglichkeit mehr. Im Grundsätzlichen stellte die alte Sicht die tatsächlichen Gegebenheiten **völlig auf den Kopf**, was in Hinsicht auf die Humanevolution noch gezeigt werden soll.

Tatsächlich erklären sich die Probleme von Macht und Gewalt nicht von der Humanevolution und nicht von der >Natur des Menschen< her (s.u.). Sie erklären sich vielmehr aus historischen Fehlentwicklungen heraus, und zwar **insbesondere** im Kontext der zivilisatorischen Kultur, wie es etwa die Sklaverei, der Kolonialismus, die Faschismen und die beiden bisherigen Weltkriege usw. zeigen.

Doch ist diese Thematik entscheidend komplexer. Auch gibt es – nicht ohne Grund – im Zivilisatorischen durchaus ein besonderes Interesse an der Lösung dieser Problematik, und die hier vorliegenden historischen Einsichten laufen auch darauf hinaus, dass die historisch entstandene Problematik von Macht und Gewalt sehr gut, friedlich und im Grunde auch relativ einfach lösbar wäre. Denn die ursprünglichen Ursachen, die diese Probleme in die Welt gebracht haben, haben sich längst erledigt.

Nur ist man in diesen frühgeschichtlichen Entwicklungen vor über 10.000 Jahren in Sitten, Verhaltensformen, Gesetzen und selbst in der Sprachform stecken geblieben, die sich damals aus den Notstandsproblemen gewaltiger Naturkatastrophen ergeben hatten – da dies komplett verinnerlicht wie auch institutionalisiert wurde. Das grammatische Geschlecht ist hierfür ein – durchaus bezeichnendes und relevantes – Beispiel. Das Ausmaß an Gewalt und Kämpfen in Filmen und Spielen ist auch kein Zufall.

Von der alten, immer noch gängigen Weltgeschichts-Karte ist dies nicht zu verstehen. Sie erklärt die Welt auf eine entscheidend andere Weise, wie die Weltkarte mit der Erde als Scheibe gegenüber unserer heutigen.

Von einer tauglichen Weltgeschichts-Karte wird hier vieles verständlich und überhaupt erst sichtbar. Vieles an Tatsachen sind nichts Neues, und vieles ist im Grunde bekannt. Doch ist es von damals her tief in der am Ende der Eiszeit entstandenen Kultur in einem wechselseitigen Verhältnis von Bewusstsein, Sitten, Soziodynamik und institutioneller Organisation eingebunden, dass es nicht über die seit damals etablierten Denk- und Verhaltens-Muster hinauskommt. Auch wenn man immer wieder mal über das eine oder andere stolpert, so hat man sich an diese Gegebenheiten gewöhnt. Man hält sie für >normal<. Viele *historisch* entscheidende Muster sind völlig verinnerlicht (wie gemeinhin das grammatische Geschlecht), man bemerkt sie nicht oder nur so unterschwellig, dass insgesamt nicht die nötigen Impulse entstehen, daran etwas zu ändern. Dabei könnte ein Blick auf eine taugliche Weltgeschichts-Karte ergeben, dass ein großer Handlungsbedarf bestehen könnte und dass deutlich andere Schwerpunkte in seinen Aktivitäten zu setzen wären. Oder dass die Karibik keineswegs schon Indien wie vorgestellt ist usw.

Die alte Weltgeschichts-Karte scheitert an den alten Vorstellungen, und zwar nicht weniger als die Karte mit der Erde als Scheibe. Die sich neu abzeichnende Weltgeschichte-Karte ergibt ein deutlich anderes Bild. Dies ist gleichermaßen von wissenschaftlicher wie von gesellschaftlicher Relevanz.

1.3 Der neue Ansatz der >Big History< oder >Gesamtgeschichte<

In neuerer Zeit ist unter dem Stichwort >Big History< eine interessante neue Konzeption entstanden, die einige Verbreitung findet, wenngleich bislang vor allem im angloamerikanischen Raum. Ihr Begründer, der australische Historiker **David Christian**, schreibt in seinem Buch >Big History< dazu:

„Das Projekt einer modernen Ursprungsgeschichte liegt in der Luft. Für mich begann sie mit einem Kurs über die Geschichte von allem, den ich 1989 an der Macquarie University in Sydney zum ersten Mal gab. Damals lehrte und forschte ich über russische und sowjetische Geschichte. Aber ich befürchtete, ein weiterer Kurs über nationale und imperiale Geschichte würde wieder nur die unterschwellige Botschaft vermitteln, die Menschheit sei hoffnungslos in rivalisierende Stämme [!] zerstritten. […]

Mehrere Jahrzehnte später, als Historiker, begann ich darüber nachzudenken, wie man eine einheitliche Geschichte der Menschen erzählen könnte. Vermochte ich das gemeinsame Erbe zum Gegenstand meiner Lehrveranstaltungen zu machen, um darüber so begeistert und ergriffen zu berichten wie über die Nationalgeschichten? Ich gewann die Überzeugung, dass wir eine Geschichte bräuchten, in der unsere paläolithischen Vorfahren und neolithischen Bauern eine ebenso gewichtige Rolle spielten wie die Herrscher, Eroberer und Kaiser, die die Inhalte unseres Fachs bisher so nachhaltig beherrscht hatten [!]. […]
[*Der englische Autor H.G.*] Wells hat noch etwas verstanden: Wenn man die Geschichte der Menschheit lehren möchte, muss man die Geschichte von allem lehren. Deshalb hat sich seine *Geschichte unserer Welt* in eine Geschichte des Universums verwandelt. Um die Geschichte der Menschheit zu ver-

stehen, müssen wir begreifen, wie sich eine so seltsame Art entwickelte, das heißt, wir müssen etwas über die Entwicklung des Lebens auf dem Planeten erfahren, das heißt, wir müssen etwas über die Entwicklung des Planeten Erde erfahren, das heißt, wir müssen etwas über die Entwicklung von Sternen und Planeten erfahren, und das heißt letztlich, wie müssen etwas über die Entwicklung des Universums erfahren. Heute können wir diese Geschichte mit einer Genauigkeit und wissenschaftlichen Zuverlässigkeit erzählen, die zu der Zeit, als Wells schrieb, undenkbar war.

Ab 1991 verwendete ich den Begriff *Big History* - >Große Geschichte< oder Gesamtgeschichte. Erst als das Projekt allmählich Gestalt annahm und Nachahmer fand, wurde mir bewusst, dass ich versuchte, die Grundrisse einer globalen Ursprungsgeschichte herauszuarbeiten. Heute wird Gesamtgeschichte an Universitäten in vielen verschiedenen Teilen der Welt gelehrt und [...] das Big History Project mittlerweile auch an vielen Schulen unterrichtet." (S. 7 – 10)

Diese Überlegungen sind effektiv berechtigt, und der Ansatz ist sehr interessant. Auch ist die dort vorgestellte >Geschichte des Universums< und der Evolution z.B. für die ökologischen Zusammenhänge tatsächlich von Bedeutung. Auf jeden Fall braucht ein wissenschaftliches Verstehen von Geschichte effektive Grundlagen in einer mit der Humanevolution verknüpften Anthropologie (→ Kapitel 2).

In der Schule hat eine solche *Big History* ihren guten Ort, da hier verschiedene Fächer wie Physik, Biologie, Geographie, Erdkunde, Geschichte und ggf. auch Ethnologie, Sprachen und Religion miteinander in Verbindung gebracht werden können und dort auch ein paar Schuljahre dafür zur Verfügung stehen. Man könnte eine solche *Big History* didaktisch reflektiert mit einem groben Gesamtüberblick in der Art einer Weltkarte beginnen und dann die verschiedenen Bereiche je nach Interessen in der Art von Länder- bis zu Wanderkarten immer genauer ausdifferenzieren.

Doch so interessant diese Konzeption auch ist und auch das Buch beginnt, so zeigt das Buch in seinen Ausführungen selbst, wo die Gefahren dieses Ansatzes liegen.

Es ergibt sich bei dem Umfang der Thematik von selbst, dass eine solche Konzeption nur mit Beiträgen von Fachleuten aus den verschiedensten Fachbereichen qualifizierter bewältigt werden kann. Denn es kann bislang keine Rede davon sein, dass auf den ganzen Gebieten in den Wissenschaften wie gesellschaftlich schon ein allgemeiner Konsens bzgl. der ganzen Thematiken erreicht worden wäre.

Dass David Christian nicht sämtliche Bereiche qualifiziert abhandeln kann, ist nicht anders zu erwarten. Zu kritisieren ist jedoch, dass ihn sein Ansatz dazu bringt, seine Energie in den von der Geschichtswissenschaft recht entfernten Bereich von Physik, Chemie und Biologie zu stecken. Wenn es wenigstens die Humanevolution gewesen wäre! Wirklich enttäuschend wird es jedoch im Bereich Geschichte. Hier zeigt sich, dass heute ein gelernter Historiograph noch lange kein Historiologe ist. In Bezug auf Geschichte bietet er in diesem Buch nur einen ziemlich dürftigen Abriss mit einem keineswegs aktuellen Forschungsstand.

Gänzlich problematisch wird seine >Big History< darin, dass er mit dieser – hier zu ausgreifenden – Erweiterung die eigentliche historische Auseinandersetzung *auflöst*. Die historische Entwicklung wird zu einem Moment der Kosmologie. Wie ein Einzeller und Mehrzeller usw. gibt, so gibt es auch arm und reich, Opfer, Krieg und >erfolgreiche Kulturen<.

Was jedoch die historische Auseinandersetzung zu leisten hat, ist, den menschlich selbst geschaffenen historischen Prozess vor allem in seinen heutigen Effekten und Auswirkungen zu rekonstruieren und kommunikabel zu machen. Das leistet das angesprochene Buch nicht. Doch mit entsprechenden Ergänzungen ist die von David Christian angeregte Konzeption vorwärtsführend.

1.4 Zu dem Begriff Historiologie

historía	griech. >Kunde, Er/Kenntnis; das Erforschen; das Erforschte, Forschung, Untersuchung; Bericht, Darstellung, Erzählung< (Menge)

[> **Historie, Story**]

Ursprünglich hatte ich die Begriffe Historiologie und Historiographie in Analogie zu Geologie und Geographie im Kontext meiner Forschungsarbeit eigenständig geprägt. Bei späteren Recherchen im Internet sah ich, dass es diese Terminologie bereits gab.

Dazu fanden sich auf der (mir ansonsten nicht weiter bekannten) Internet-Seite *Thpanorama* folgende Angaben:

„Ursprung des Begriffs >Historiologie<
Der Begriff Historiologie wurde von José Ortega y Gasset erstmals in seinem Text "Historia como sistema" (1971) verwendet. In diesem Text weist Ortega y Gasset darauf hin, dass der Mensch ein historisches Subjekt ist, das vergangene Ereignisse analysieren muss, um ihre Identität zu verstehen. Ebenso stellt der Autor fest, dass die historischen Daten nicht wichtig sind, wenn sie nicht im Lichte einer analytisch - deskriptiven Methode betrachtet werden. Hier tritt die Historiologie in Aktion." (abgerufen am 1.5.23, 10:54)

„Historiologie
Diese Disziplin versucht, die von der Geschichte aufgezeichneten Ereignisse zu erklären, und weist auf die logischen Elemente hin, die diese Ereignisse hervorgerufen haben.
Historiologie sollte nicht mit Historiographie verwechselt werden, die die Kunst des Schreibens historischer Ereignisse und der Literatur um die Geschichte ist.

Im Gegensatz dazu verwendet die Historiologie diese letzte Disziplin, um die Ursachen und Folgen historischer Ereignisse zu identifizieren. Ebenso muss die Geschichte der Geschichtsschreibung differenziert werden, da die erste die Wissenschaft ist, die auf dem Studium der Vergangenheit basiert, während die zweite die Methode ist, die Tatsachen der Vergangenheit zu interpretieren. Die Historiologie ist eine Reihe von Analysemodellen, die es ermöglichen, historische Fakten mit den Augen anderer Disziplinen und Wissenschaften zu beobachten: Ökonomie, Soziologie, Politik, Psychologie und andere." (ebd.)

Ich möchte hier betonen, dass mein Ansatz nicht von einer Aufnahme der spezifischen Position von José Ortega y Gasset motiviert ist, sondern von der wissenschaftlich längst notwendig gewordenen Unterscheidung zwischen den Arbeitsbereichen Historiologie und Historiographie, wie es etwa auch in dem Zitat vertreten wird.

Es hat vom Internet her den Anschein, dass der Begriff Historiologie (ebenso wie Kulturologie) eher in anderen Sprachen verbreitet ist. In Deutschland wird wohl in diesem Kontext eher >Historik< gebraucht.

Ich ziehe den Begriff Historiologie vor. Der Begriff Historik könnte außerhalb des Fachbereichs lediglich als Fremdwort für >Geschichte< bzw. >Geschichtswissenschaft< verstanden werden. Doch soll damit ein spezifischer Arbeitsbereich innerhalb der Geschichtswissenschaft bezeichnet werden. Auch lassen sich im Gegensatz zu Historik sowohl zu Historiologie als auch zu Historiographie die spezifisch gemeinten Adjektive historiologisch und historiographisch bilden, wozu historisch oder geschichtlich die unspezifische und/oder übergeordnete Allgemeinbezeichnung wäre.

Saint Marcel, Frankreich; Jungpaläolithikum (Eiszeit). Es handelt sich um ein Instrument, mit dem sich, an eine Schnur gebunden, Töne erzeugen lassen.
Text und Nachzeichnung nach Emmanuel Anati: Höhlenmalerei, S. 244

1.5   Historiologie und Kulturanthropologie

Es gibt eine gute Überschneidung zwischen den Bereichen der Historiologie und der Kulturanthropologie (als einer bestimmten Form der Ethnologie). Zumindest geht der nachfolgend zitierte Ansatz von den gleichen Ausgangsvorstellungen aus. Nur richtet sich die Kulturanthropologie stärker auf die Auseinandersetzung mit den ethnologischen Befunden aus, die Historiologie anders auf die historiographischen Befunde. Das folgende Zitat ist hier von den gleichartigen Grundlagen interessant:

„Die vergleichende Perspektive [*der **Kulturanthropologie**]* bringt auch eine Berücksichtigung der zeitlichen Dimension mit sich. Das heißt, sie besteht darauf, dass wir, um die industrialisierten, staatlich organisierten Gesellschaften der Gegenwart zu verstehen, mit dem vertraut sein müssen, was ihnen vorhergegangen ist; wir müssen also die staatenlosen, nichtindustriellen Gesellschaften kennen, aus denen sich die modernen Gesellschaften entwickelt haben.

Uns steht eine einigermaßen vollständige Dokumentation der Gattung Mensch zur Verfügung, die zeitlich fast fünf Millionen Jahre zurückreicht. Die ersten Bodenbau treibenden Gesellschaften traten erst vor ungefähr 10.000 Jahren auf, die ersten staatlich organisierten Gesellschaften erschienen erst vor etwa 6000 Jahren; und die Industriegesellschaft hat erst vor 200 Jahren begonnen, sich im großen Maßstab durchzusetzen. Sicherlich können wir nicht hoffen, uns selbst zu verstehen, wenn wir die Berichte über die früheren Lebensformen ignorieren. [...] Man kann z.B. die Ausübung von Herrschaft in modernen politischen Institutionen nicht völlig verstehen ohne einige Vertrautheit mit Gesellschaften, in denen es keine politische Herrschaft gibt und formale Institutionen der Rechtspflege fehlen.

[...]

Zweitens ist die Anthropologie holistisch in dem Sinn, dass sie den Versuch macht, die Menschen nicht nur als kulturelle Wesen, sondern auch als *biologische Wesen* [9] zu verstehen. Sie befasst sich mit den physischen oder biologischen Charakteristika der Gattung ebenso gut wie mit den sozialen und kulturellen. Die physische Evolution der Gattung *Homo* und die kulturelle Evolution der Menschheit werden nicht als zusammenhangslos nebeneinander laufend betrachtet. Beide sind nötig für ein richtiges Verständnis davon, was für eine Art von Geschöpfe wir sind." [10]

---

[9] Das Kursive ist hier meine Übersetzung anstatt >Tiere< (*animals*)
[10] Frank R. Vivelo: Handbuch der Kulturanthropologie, S. 39, 41

2 Anthropologie und Geschichte

Ein adäquates Verständnis der historischen Entwicklung hat unabdingbar eine wissenschaftlich geklärte Anthropologie zur Voraussetzung.

Um die Entwicklungen des historischen Prozesses in irgendeiner Form wahrnehmen, vermessen und beurteilen zu können, braucht es eine taugliche Referenz, wovon in Hinsicht auf den Menschen auszugehen ist.

Oder im Bild: Anthropologie und Geschichte verhalten sich für mich wie die Längen- und Breitengrade in Hinsicht auf die menschliche Realität.

Entscheidende Fehler der bisherigen Geschichts-Modelle begründen sich in den vorwissenschaftlichen, populistischen oder wissenschaftlich überholten Prämissen bzgl. des Menschen.

Auf jeden Fall erklärt sich die historische Entwicklung, wie noch gezeigt wird, weder als Fortgang der Naturprozesse noch als Umschlag von der biologischen Evolution in die kulturelle Entwicklung

Aufgrund der Ausgangsvorstellung, der Mensch sei gerade einmal ca. 6000 Jahre alt, ist in den früheren Geschichts-Modellen ein krudes Durcheinander von Evolution, Anthropologie, Geschichte und Weltanschaulichem entstanden, das im Grundsätzlichen immer noch nachwirkt. Entsprechend gibt es einigen Bedarf, zunächst einmal diese Grundlagen zu klären.

In diesem Kapitel sollen hier zumindest die wichtigsten Punkte in diesem Zusammenhang angesprochen werden.

„Zeichnung, die die beiden Seiten einer weiblichen Figur aus Elfenbein zeigt (Mal'ta, Sibirien), mit einem Durchbruch für einen Anhänger und 27 Kerben, vor etwa 30.000 Jahren entstanden. Die ersten 5 Stufen sind auf dem Kopf, im Genitalbereich finden sich die Kerben 14 bis 17. Man nimmt an, dass die Statuette, als Anhänger eines Mädchens, an den Monatszyklus erinnern sollte."

E. Anati: Höhlenmalerei, S. 33

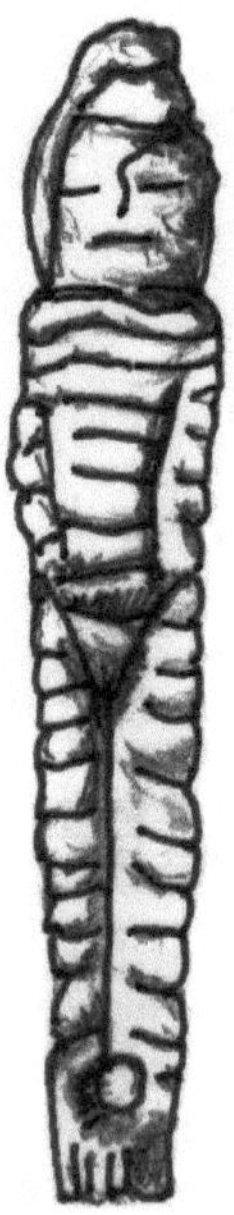

2.1 Zur Humanevolution als Grundlage der Anthropologie

Wohl kann ein humanevolutionäres Modell nicht die einzige Grundlage einer Anthropologie sein. Die humanwissenschaftlichen Einsichten wie etwa der Psychologie, der Biologie/Genetik/Medizin und der Neurowissenschaften sind nicht weniger zu berücksichtigen.

Alles, was von der Psychologie, der Neurologie usw. als >anthropologisch< verstanden wird, muss insgesamt für unsere Art Homo sapiens gelten. Wo zurecht von >Homo sapiens< gesprochen wird, handelt es sich *substanziell* immer um Menschen >wie Du und ich<, auch wenn dies über die Zeit vor 100.000 Jahre hinausgeht und wir im Einzelnen nichts Genaues wissen. Weiterhin sind diese humanwissenschaftlichen Einsichten auch in Bezug auf Geschichte aufzunehmen und für eine Interpretation der historischen Entwicklung anzuwenden.

Wo jedoch eine Zuordnung zu unserer Art Homo sapiens zu bezweifeln ist – etwa in Bezug auf Sprache -, ist auch die Zuordnung der Befunde zu unserer Art Homo sapiens in Frage zu stellen. Sicher gibt es evolutionäre Übergänge, die nicht einfach einer Art zugeordnet werden können. Doch dann ist hier auch von solchen >evolutionären Übergängen< zu sprechen, so begrifflich etwa von Archaischem Homo sapiens. Selbst wenn solche Einschätzungen noch recht vorläufig sind, sind sie dabei diesen Kategorien zuzuordnen. Alles andere sprengt den biologischen Begriff der Art, ist wissenschaftlich unseriös und schafft methodologisches Chaos.

Doch besteht bislang auch umgekehrt das ernste Problem, dass selbst bis in die humanwissenschaftliche Forschung hinein die Dimensionen von Geschichte und kultureller Bedingtheit übergangen werden und historische Phänomene via >Anthropologie< illegitim zu Natur und Biologie erklärt werden. Nicht einmal die *Art der* Atmung kann beim Menschen als bloße Biologie betrachtet werden, geschweige denn der Verhaltensbereich oder die geistige Einstellung. Heutige Meinungsumfragen können niemals *unmittelbar* als eine >*anthropologische*< Grundlage genommen werden.

Es ist hier für eine Klärung der evolutionären Grundlagen des Menschen und damit auch von Geschichte von großem Vorteil, dass inzwischen ersichtlich wird, dass ihre Problemstellungen und Lösungsstrategien im Grundsätzlichen mit dem in Verbindung stehen, was sich in Bezug auf die Primaten als einem spezifischen Strang der Säugetiere schon von Anfang an darstellt und sich auch auf den weiteren evolutionären Stufen bis zur Humanevolution immer wieder wiederholt.

Dieser Sachverhalt ist von Bedeutung. Denn damit können wir diesen Entwicklungsprozess in seinen Problemstellungen und Lösungsstrategien über eine Länge von insgesamt weit über 100 Mio. Jahren und im Vergleich zu den anderen evolutionären Verwandtschaftslinien studieren. Damit lassen sich die Fragestellungen bzgl. der Ernährungsbesorgung, mit Aggression, den evolutionären Anforderungen und der evolutionären Fitness bzgl. der menschlichen Existenz heute ganz anders einordnen und abklären, als dies in den älteren Forschungen möglich war.

Natürlich kann und soll hier nur ein überaus kurzer Abriss zu der humanevolutionären Entwicklung erfolgen. Für eine ausführlichere Auseinandersetzung und Darstellung s. meine beiden Bücher zur Humanevolution.

46

2.2 Zur Evolution des Gehirns

„Menschen sind dank ihres Gehirns unglaublich flexibel, bevölkern den gesamten Erdball und sind sogar erste Schritte auf dem Mond gegangen. Gewiss, Tiger haben schärfere Zähne, Elefanten sind stärker, Geparden schneller, Eisbären vertragen Kälte besser. Wale können besser schwimmen und Albatrosse besser fliegen. Im Gegensatz zu all diesen vom Aussterben bedrohten Tieren jedoch ist der Mensch dank seines Gehirns nicht auf eine Sache besonders spezialisiert, sondern kann sich auf die verschiedensten Umgebungen, Aufgaben und Probleme einstellen. Kurz: Er kann lernen, und zwar besser als alle anderen Lebewesen auf der Welt. Und das Organ, mit dem dies geschieht, sind nicht Zähne, Muskeln, Fell, Flossen oder Flügel, sondern das Gehirn.“

Der Neurowissenschaftler Manfred Spitzer: Lernen, S. 14

Einige zentrale Punkte bzgl. des Verständnisses von Intelligenz, Kultur, Technologie, Sprache usw. verknüpfen sich von der Sache her ihren Ausgang mit dem Thema Gehirn. Von dort her soll hier für entsprechende Grundlagen damit begonnen werden.

*„ Oben auf dem Hirnstamm begann ein kleines Gebilde hervorzusprie-
ßen, das bei den Fischen noch fast ausschließlich dem Geruchssinn
diente. Während seiner weiteren Entwicklung wuchs es dann aber zu
unerwarteter Größe heran. Erstmals bei den Halbaffen war es so groß
geworden, dass es als >Großhirn< alle übrigen Teile des Organs ein-
hüllte, deren Funktionen es gleichzeitig mehr und mehr übergeordnet
wurde. "* [11]

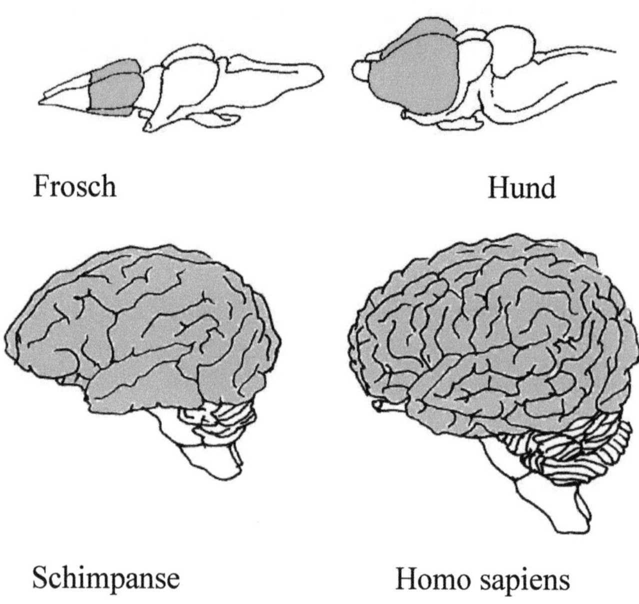

Nachzeichnung nach: Hoimar v. Ditfurth: *Der Geist fiel nicht vom Himmel,*
7. Farbblatt nach S. 224

---

[11] Hoimar v. Ditfurth: Im Anfang war der Wasserstoff, S. 323

Überblick der evolutionären Linie zum Menschen

Die Linie der **Primaten** zum >**Menschen**< ist **fett** gezeichnet

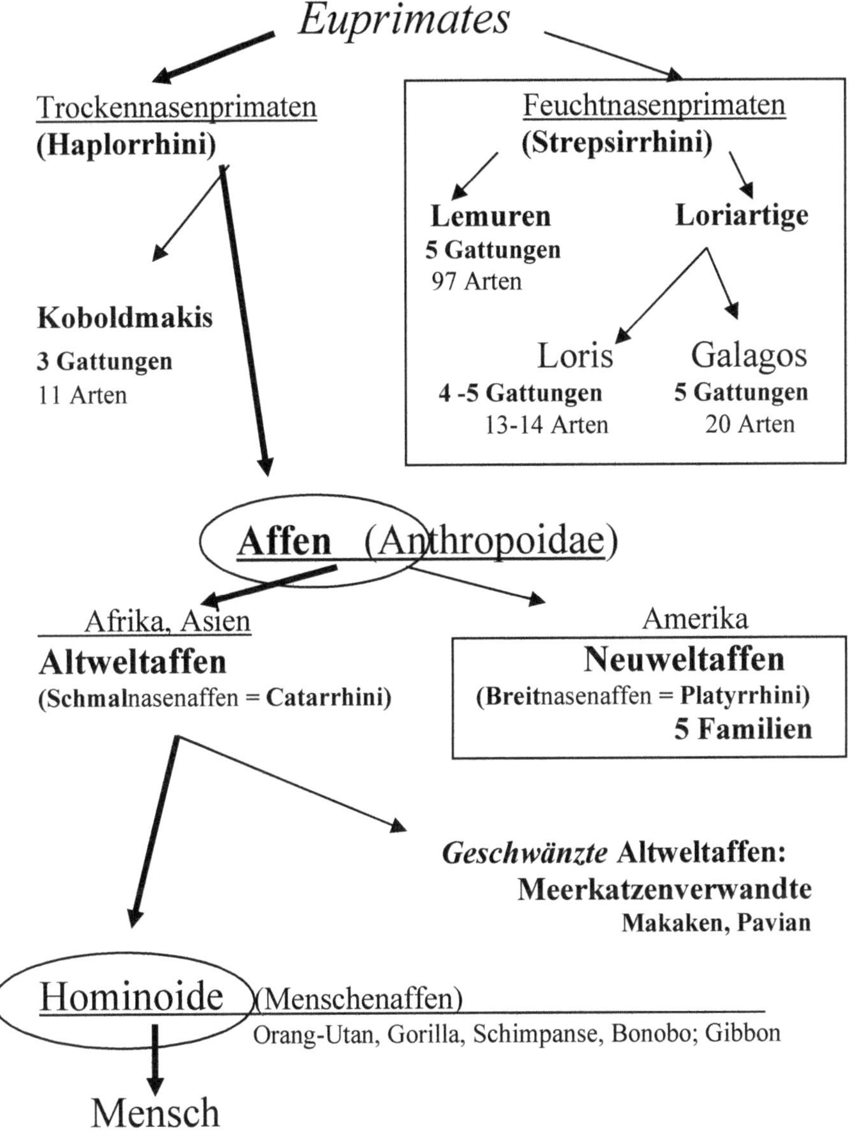

Doch wäre es naiv zu meinen: je mehr Gehirn, desto intelligenter und überlebensfähiger. Dies ist in dieser Form eine vorwissenschaftliche Auffassung, die auch effektiv verkehrt ist. Es ist von daher von Bedeutung, die Evolution der unterschiedlichen Strukturen des Gehirns zu verstehen.

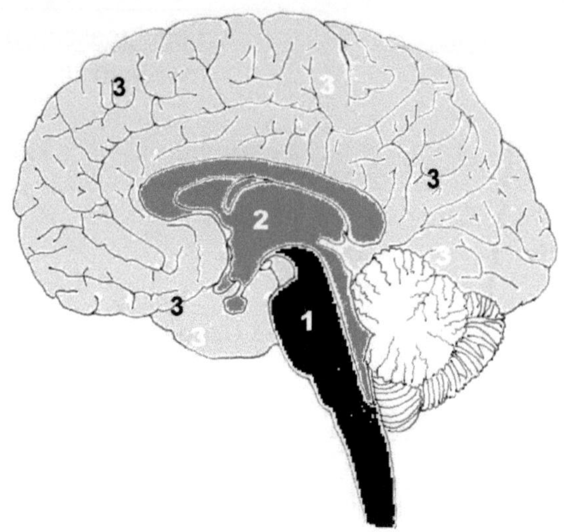

Menschliches Gehirn mit den drei grundlegenden evolutionären Stufen: [12]
1 >unterer Hirnstamm<, **2** >Zwischenhirn<, **3** >Großhirn< = >Neokortex<

Denn die *angeborene* Intelligenz besteht bei den Lebewesen, die nur über die Stufen 1 + 2 verfügen („Reptilien-Gehirn"). Die Großhirn-Ebene (Stufe 3) stellt lediglich Potential für die Lern-Entwicklung zur Verfügung. Je höher der Großhirn-Anteil am Gehirn liegt, desto *geringer* liegt die *angeborene* Intelligenz – und je mehr hängt alles davon ab, dass die Lern-Entwicklung produktiv genutzt werden kann. Hier kam es in der Evolution zu einem systematischen Problem.

---

[12] Nachzeichnung nach: Hoimar v. Ditfurth: Der Geist, S. 18 f., 84 f. , 226 f.

2.3 Die tatsächliche evolutionäre Problemstellung in der Humanevolution

Man übersieht das entscheidende evolutionäre Problem in der Primaten-Linie leicht, weil man hier bislang zu sehr vom Menschen ausgeht, wo es in der humanevolutionären Entwicklung zu der entscheidenden Lösung kam.

Die alte Vorstellung, dass sich das entscheidende evolutionäre Problem der höheren Primaten und der Humanevolution mit Fressfeinden und Ernährungsproblemen verknüpfte, hat sich hierbei als gegenstandslos erwiesen. Das uns bekannte systematische Problem in Bezug auf Nahrung und Ressourcen ist erst **historisch** entstanden (s.u.). Insgesamt ist zunächst einmal festzustellen:

„Das Leben der vorausgegangenen Jäger und Sammler, wie auch das der höheren nicht-humanen Primaten, war ein leichtes." [13]

„Überhaupt ist es typisch für Sammlerinnen- und Jägergesellschaften, die unter Bedingungen wie die der afrikanischen leben, dass sie ein ausgesprochen unbekümmertes, heiteres Naturell besitzen, sich gerne amüsieren und viel lachen.
Die Voraussetzungen dazu sind ihnen auch wahrlich gegeben. Man hat errechnet, dass Buschmänner oder Hadza zum Beispiel einen Arbeitsaufwand von weniger als zwei Stunden pro Tag aufbringen müssen, um ihren Lebensunterhalt sicherzustellen. Es bleibt ihnen also reichlich Muße, die ihre Phantasie beflügelt und die sie denn auch mit viel Spiel, Tanz, Gesang, Unterhaltung und Geschichtenerzählen ausfüllen. Man

---

[13] Doris F. Jonas, in: Richard Fester u.a.: Weib und Macht, S. 190

darf annehmen, dass dies früher [...] nicht viel anders war."[14]

Selbst über die nicht einfachen eiszeitlichen Verhältnisse in Europa heißt es:

„Berechnungen über die durchschnittliche Zahl an täglichen Arbeitsstunden zur Sicherung der Ernährung incl. Hausbau, Herstellung von Kleidung, Vorratswirtschaft usw. ergaben ein erstaunliches Resultat: Lediglich vier bis fünf Stunden pro Tag musste ein Cromagnon im Jahresdurchschnitt für diese Tätigkeiten aufbringen [...]."[15]

Dafür, dass sich das eigentliche evolutionäre Problem seit der Stufe der einfachen Affen (**Anthropoiden**) mit der Versorgung oder mit Raubtieren verknüpft hätte, gibt es gar keinen Anhalt. Die ausgeprägten kulturellen Aktivitäten in der eiszeitlichen Kultur des Homo sapiens, wie sie sich etwa in den Höhlen belegen, wären dann gar keine Möglichkeit gewesen.

Tatsächlich lässt sich sagen, dass sich spätestens mit der evolutionären Stufe der einfachen Affen u.a. aufgrund der langen Kindheiten die eigentliche Anforderung von der Umweltbeherrschung (Nahrungsbesorgung, Sicherung vor Raubtieren usw.) auf das Soziale verschob.

„Labortests zeigten deutlich, dass niedere Affen und Menschaffen außergewöhnlich intelligent sind. Feldstudien ergaben allerdings, dass zumindest beim Gewinnen des täglichen Lebensunterhaltes diese Intelligenz kaum beansprucht wird. [...] Mit anderen Worten, für einen nichtmenschlichen Primaten in freier Wildbahn ist der Lernprozess über das Vorkommen und vielleicht auch die Reifezeit von Nahrungsressourcen ein intellektuelles Kinderspiel verglichen mit der

---

[14] H. Christoph, K. E. Müller & Ute Ritz-Müller: Soul of Africa, S. 91
[15] H. Braem: Die magische Welt der Schamanen und Höhlenmaler, S. 72

Vorhersage - und Beeinflussung - von Verhaltensweisen anderer Individuen der Gruppe." [16]

Schon der evolutionäre Schritt zu den einfachen Affen hat die **Voraussetzung**, dass die Anforderungen in Bezug auf die Versorgung und Existenzsicherung nachrangig geworden sind und die eigentlichen Energien dem Sozialleben zur Verfügung stehen, sonst wäre dieser gar nicht möglich geworden.

„Der Schlüssel zum Verständnis der Intelligenz von Menschenaffen wie von Menschen liegt in dem Verhältnis zwischen der langen Lernzeit und dem Leben in einer *stabilen sozialen Gruppe*. Das Lernen an sich bedarf keines großen Intellekts, sondern der Fähigkeit, mit den vielfältigen sozialen Interaktionen umgehen zu können." [17]

[Hervorhebung CR]

In dieser Entwicklung wurde die **Qualität des Soziallebens zu der entscheidenden evolutionären Frage**. Von hierher kam es schon seit der Stufe der einfachen Affen zu den besonderen Erfolgen, aber auch zu den besonderen Problemen dieser Entwicklung.

Die Evolution von Sprache steht in diesem Zusammenhang.

---

[16] Roger Lewin: Spuren der Menschwerdung, S. 145 f.
[17] R. E. Leakey & R. Lewin: Wie der Mensch zum Menschen wurde, S. 184

2.4 Zur Evolution von Sprache

„Die Sprache ist in engster Weise mit den allgemeinen kognitiven Fähigkeiten des Menschen verbunden, und die Entstehungsgeschichte der Sprache ist zugleich auch ein Teil der Entstehungsgeschichte des Menschen." [18]

Aufgrund des geologischen Umbruchs vom Pliozän auf das Pleistozän, der die Lebensform der Hominoiden (Menschenaffen) in weiten Gebieten existenzial betraf, kommt es ab vor ca. 2,5 Mio. Jahren zu einer neuen evolutionären Entwicklung. Zu dieser Zeit erfolgte der volle Durchschlag der >Eiszeit<, mit der ein deutlicher Rückgang der tropischen Regenwälder verbunden war, da infolge der Vereisung des Nordpols die Luftfeuchtigkeit im Eis gebunden wurde.

Die hiervon Betroffenen mussten einen grundlegenden Wechsel von einem Leben im Wald zu einem Leben in der Savanne vollziehen. Damit verknüpfte sich die Entwicklung der Zweibeinigkeit und infolge der neuen *Hitze* (im Verlust des Schattens in den Wäldern) zu der Umbildung vom Fell zur Haut (mit Schweiß-Drüsen zur Kühlung). Mit der Savanne musste man auch völlig neue Ernährungsformen entwickeln (hier beginnt die Bedeutung der Jagd), wie man auch ganz anders der Gefahr durch die dort lebenden Raubtiere ausgesetzt war. Der Gebrauch von Stöcken könnte vor dem *Speer* zwecks Jagd zuerst zur Verteidigung vor Raubtieren aufgekommen sein.

Es ist hier also wieder einmal eine besonders scharfe evolutionäre Krise, in der sich das evolutionäre Muster einer weiteren Potenzierung des Großhirn-Wachstums wiederholt. Schon auf der ersten Stufe wie etwa mit „Homo habilis" und/oder „Homo Rudolfensis" kommt es zu einer Verdopplung der Gehirn-Größe.

---

[18] Horst M. Müller: Sprache und Evolution, S. 74

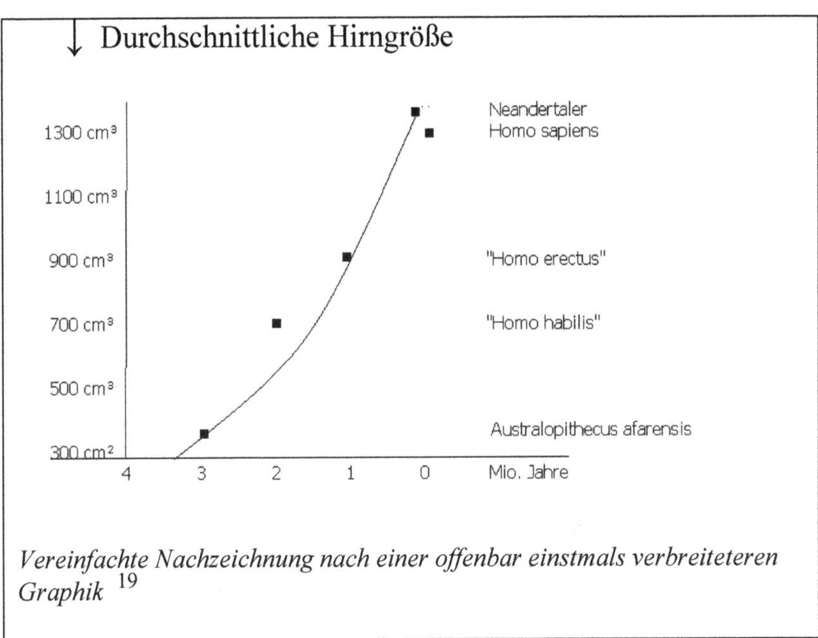

Vereinfachte Nachzeichnung nach einer offenbar einstmals verbreiteteren Graphik [19]

Dieser neuere evolutionäre Schub an Großhirn-Intelligenz korrespondiert mit der Entstehung von technologischer Intelligenz und dem Gebrauch von Werkzeug-Technik. Die damit verbundenen neurologischen Zusammenhänge sprechen dafür, hier auch die Entstehung der Evolution von Sprache anzusetzen.

Denn Sprache ist in gewisser Weise die neurologische Voraussetzung für diese neue Stufe an technologischer Intelligenz, der Befähigung zu planen und auch für die neue Entwicklung an Handfertigkeit. Wir kennen diese Sachverhalte insbesondere bei dem Erlernen eines Musikinstruments oder des Tippens. Für das Erreichen einer solchen Präzision an Bewegung ist das sprachliche Denken als Kontrolle unabdingbar, und es braucht ein langes kontrolliertes Üben, bis diese Bewegungen in „Fleisch und Blut

---

[19] sie findet sich z.B. in Roger Lewin: Spuren der Menschwerdung, S. 143, und GEO Wissen „Die Evolution des Menschen", S. 80

übergehen", d.h. in einer neurologischen Schicht verwurzeln, die unterhalb des sprachlich kontrollierten Bereichs liegen. Von daher lässt sich sagen:

„Die Mehrzahl der Fachleute bringt trotz dieser Unsicherheiten das enorme Wachstum insbesondere des Großhirns im Verlauf unserer Entwicklungsgeschichte mit einem wahrscheinlich schon frühen Auftreten des Evolutionsfaktors Sprache in Zusammenhang. >Wenn die Hominiden nicht die Sprache nutzten und verfeinerten, würde ich gerne wissen, was sie mit ihren selbst beschleunigt wachsenden Gehirnen taten<, bemerkte etwa die amerikanische Anthropologin Dean Falk 1989 in einem Diskussionsbeitrag ironisch, und auch ihr Kollege Terrence Deacon vermutete: >Die Sprache war die Hauptursache, nicht eine Folge des menschlichen Gehirnwachstums.<" [20]

„Dies ist umso wahrscheinlicher, als Werkzeugproduktion und Sprache nach Meinung vieler Fachleute auf miteinander korrespondierenden geistigen Fähigkeiten beruhen und ihre neurologischen Grundlagen sich daher im Verlauf unserer Evolutionsgeschichte Hand in Hand entwickelt haben dürften. >Die Handlungsabläufe bei der Geräteherstellung haben strukturelle Ähnlichkeit mit denen bei der Konstruktion eines Satzes<, urteilt etwa der bereits zitierte Prähistoriker Gowlett, und die Neurologin Kathleen R. Gibson schrieb 1988: >Gerätegebrauch und Sprache teilen eine gemeinsame neurologische Basis und dürften sich deshalb zusammen herausgebildet haben." [21]

---

[20] Martin Kuckenburg: Wer sprach das erste Wort? S. 58
[21] Martin Kuckenburg: Wer sprach das erste Wort? S. 77 f.

 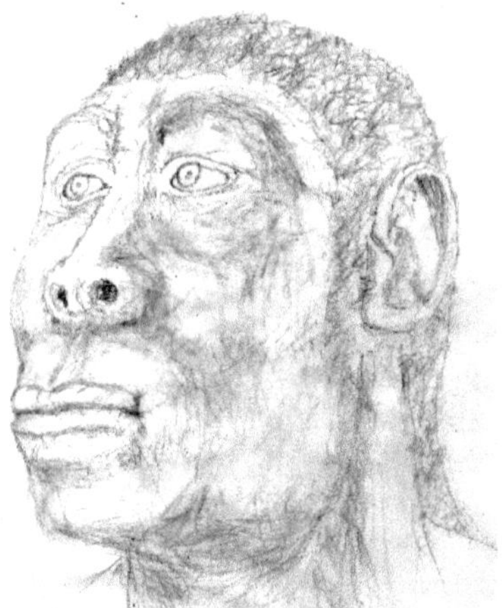

„Homo habilis"
Hominidus habilis

„Homo erectus"
Hominidus erectus

Nachzeichnungen nach Modellierungen in
GEO >Die Evolution des Menschen<, S. 24 ff.

Mit der enormen Steigerung der Gehirn-Größe und der Entwicklung von Sprache, technologischer Intelligenz, Handfertigkeiten und Werkzeugtechnologie gelang es nicht nur, die mit dem Aufkommen der >Eiszeit< (des Pliozäns) vor ca. 2,5 Mio. Jahren entstandene evolutionäre Krise zu meistern. Es entstand damit sogar ein Überschuss, der dazu befähigte, sich über den angestammten Kontinenten Afrika hinaus weit über die Welt zu verbreiten und auch gänzlich andersartige Lebensräume aufzunehmen.

2.5 Zur Evolution von Kultur

Doch sind wir mit der Entwicklung von Sprache, technologischer Intelligenz, Handfertigkeit und Werkzeugtechnologie noch lange nicht beim Menschen. Dies erklärt sich nicht darin, dass diese Entwicklungen bis zur Entstehung unserer Art Homo sapiens noch zu gering gelegen hätten. In gewisser Weise stellt sich vielmehr das schlichte Gegenteil dar.

Wohl waren diese hominiden Entwicklungen zu der Bewältigung der evolutionären Krise in dem Übergang von dem Leben im Regenwald zu dem in jeder Hinsicht andersartigen Leben in der Savanne unabdingbar. Diese Entwicklungen entstanden aus dem evolutionären Notstand infolge des geologischen Umbruchs vom Pliozän auf das Pleistozän, und sie waren in Hinsicht auf entsprechende äußere Probleme überaus leistungsfähig – doch zu mehr auch nicht.

Unter Widrigkeiten bedeutete dieser erhöhte Aufwand in seinem Engagement eine Verbesserung des Soziallebens, da es anderen helfen und Leben retten konnte. Doch ohne diese Widrigkeiten ging dieser Aufwand auf Kosten des Sozial- und Beziehungslebens, und ohne diese Widrigkeiten war mit diese Großhirn-Anlage mit ihrer langen Kindheit weit zu aufwendig und umständlich.

So kam es, dass die Hominiden wie „Homo erectus" gerade mit ihrem großen Gehirn, mit Sprache und ihrer technischen Intelligenz bei ihrer riesigen Verbreitung über Afrika, Europa und Asien ganz im Gegensatz zu den Menschenaffen und mehr noch den einfacheren Affen weltweit ins Aussterben gerieten, und dies evolutionär betrachtet auch überaus schnell: in weniger als einem Zehntel des bisherigen Bestands der Menschenaffen (wenngleich eine >Hochkultur< einen solchen Bestand von 2 Mio. Jahren auch erstmal belegen sollte, bevor man sie für tatsächlich erfolgreich halten kann).

Insgesamt kommen einige Gründe für das Aussterben der Hominiden in Betracht. Die Humanevolution, die aufgrund dieser Problematik vor ca. 0,5 Mio. Jahren aufkam, deutet mit ihren Neuansätzen umgekehrt auf einige dieser Probleme.

Als das zentrale Grundproblem erscheint, dass die Hominiden konnten angesichts ihrer genetischen Verhaltensanlage die Vorteile ihrer Intelligenz und Weiterentwicklungen nicht positiv nutzen konnten. Sie blieben in der Perspektive der Überlebens-Sicherung verfangen. Das einzige Plus, das sie über die Bewältigung der geologischen Krise hinaus gewannen, war ihre Befähigung, sich mit ihrer technischen Intelligenz und ihren Technologien völlig neue Lebensräume zu erschließen und sich weit über den angestammten Kontinent Afrika hinaus in Europa und Asien zu verbreiten.

Doch darüber hinaus war es von der genetischen Anlage keine Möglichkeit, Vorteile aus ihrer Intelligenz und Technologie zu ziehen. Sie blieben mit ihrer genetischen Anlage auf die Überlebens-Perspektive ausgerichtet. Von dort her entstand die Tragik, dass die überschüssige Energie in das innersoziale Konkurrenzverhalten um Ränge und Geschlechtspartner/innen floss. Mit ihrer großen Intelligenz waren sie insofern zu intelligenten Konkurrenzkämpfen bis hin zum gegenseitigen Selbstruin fähig, was weltweit im Aussterben endete. Von daher kann die humanevolutionäre Entwicklung unmöglich als eine weitere Steigerung dessen betrachtet werden.

Vielmehr entstand die humanevolutionäre Entwicklung unter dem evolutionären Druck der sozial ruinösen Problematik der Hominiden.

Ihr Ansatz lag darin, dass sie die Überschüsse ihrer Energien nicht wie die Hominiden in die soziale Konkurrenz einsetzten, sondern in einer neuartigen Zuwendung zu ihren Kindern. Damit vermochten sie auch unreifere Säuglinge denn je durchzubringen, die bis dahin verstarben. Mit diesen unreiferen Kindern kam es auch zu den evolutionären genetischen Veränderungen.

Mit dieser Zuwendung zu den Kindern und mit den zunächst neurologisch unreiferen Kindern kam entsprechend dem Spielerischen eine neuartige Bedeutung zu. Tatsächlich liegt der >Ursprung der Kultur im Spiel<, wie der Untertitel des einstmals bedeutenden Werkes von Johan Huizinga lautet. [22]

Aus dieser neuartigen Ausrichtung auf die Kinder ergab sich eine neuartige soziale Produktivität und Kreativität. Aus diesen Erfahrungen entstand ein grundlegender Perspektivwechsel, der die weitere humanevolutionäre Entwicklung vorantrieb: von der genetisch fixierten Ausrichtung auf die Überlebens-Sicherung hin zu dem Nutzen der überschüssigen Energien zum Zweck eines fähigen Beziehungs- und Sozial-Lebens und von Lebens-*Qualität* – was sich im Übrigen gegenseitig bedingt, wie es sich sowohl psychologisch als auch evolutionär zeigt.

Die Evolution von Kultur ergab sich aus der Ablösung von der genetischen Verhaltens-Steuerung und entstand aus der Befähigung zur Selbst-Steuerung in der Mitgestaltung eines guten Soziallebens in gemeinschaftlicher Kommunikation. Denn erst mit dem produktiven Sozial- und Beziehungs-Leben wurde das entstandene eigentliche evolutionäre Problem gelöst. Unter >Kultur< ist also vom Biologisch-Evolutionären her einerseits ein fähiges Sozialleben und andererseits ein fähiges Mitgestalten seiner Sozialverhältnisse zu verstehen. [23]

Angesichts der genetischen Verhaltens-Anlage war diese humanevolutionäre Entwicklung der Befähigung zu Selbst-Steuerung und Kultur alles andere als einfach. Dieses Ergebnis wurde auch nicht in einem einzigen Schritt erzielt, sondern erst überaus knapp vor dem Aussterben in dem dritten Schritt kurz im Vorfeld vor unserer Art Homo sapiens: Wir sind das Produkt dessen. Wir könnten genetisch nicht das kulturale Wesen sein, wäre dem nicht so.

---

[22] Johan Huizinga: Homo ludens. Vom Ursprung der Kultur im Spiel
[23] S. dazu mehr in meinem Buch >Kulturologie< - Über die Software-Struktur des Menschen

2.6 Zur humanevolutionären Weiterentwicklung von Sprache

Mit einer Sprache aus lediglich Vokabular und Grammatik sind wir noch nicht beim Menschen. Diese Art von Sprache ist zu unkomplex und nicht zu einer Selbst-Steuerung befähigt.

Graphische Veranschaulichung des neurolinguistischen Unterschieds

Schwarz: die Verhaltenssteuerung im Zwischenhirn,
weißer Kreis Großhirn (Neokortex)

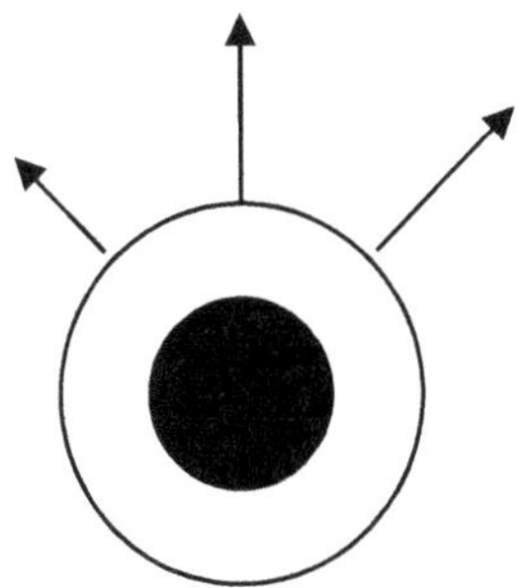 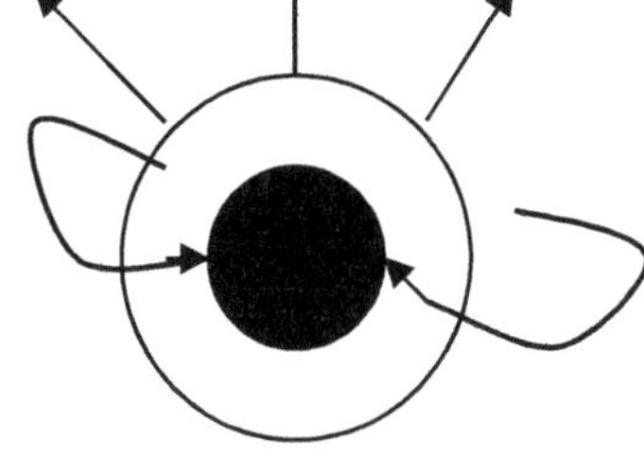

Hominid	Homo sapiens
Erweiterung der Fähigkeiten der genetischen Verhaltenssteuerung	+ zusätzlich Befähigung zur Selbststeuerung
Sehen – Planen – Handfertigkeit **Technik**	+ Befähigung zur Gestaltung d. Sozial- & Beziehungslebens **Kultur**
Vokabular & Grammatik	+ Bilder & Geschichten (Neuropsychogramme)

Wohl baut die Humanevolution auf der Übernahme der Sprache der Hominiden auf. Es ist nicht zu sehen, dass die humanevolutionäre Entwicklung überhaupt eine Möglichkeit gewesen wäre, wenn es nicht schon einen ausgeprägten Bestand an Sprache mit Vokabular und Grammatik gegeben hätte.

Doch liegt diese Art von Sprache auf der Großhirn-Ebene. Sie ist, modern formuliert, nur zu Produktion und Dienstleistung qualifiziert, nicht aber zur eigentlichen Verhaltenssteuerung, die auf der Ebene des Zwischenhirn-Bereichs liegt. Die Evolution der Hominiden verknüpft sich mit einer enormen Ausdehnung der Großhirn-Ebene und insofern mit einer evolutionär neuartigen technischen Intelligenz in Verbindung mit einer Sprache aus Vokabular und Grammatik. Für eine Befähigung zur Selbststeuerung seines Verhaltens war dies nicht qualifiziert. Die Hominiden unterlagen bei aller Intelligenz und Sprache immer noch der genetischen Verhaltenssteuerung der Tier-Stufe.

Der Schritt zur Befähigung zur Selbststeuerung seines Verhaltens erfolgte erst im Verlauf der eigentlichen Humanevolution. Doch erforderte dies auch eine neue komplexere Sprach-Anlage, die Zugänge zu der Anlage der Verhaltenssteuerung auf der Zwischenhirn-Ebene erhielt.

Diese neuartige Komplexität von Sprache entstand schlichtweg durch das Erzählen von Geschichten, die immer aus ganzen Sets an Vokabular und Grammatik bestehen, und hierbei von denjenigen Geschichten, die die Gefühle und den Verstehens-Bedarf der Kinder ansprechen:

„Kleine Kinder lieben Geschichten und wollen immer wieder welche hören. Sie können komplexe Zusammenhänge begreifen, sobald man sie ihnen in Form von Geschichten präsentiert […].“ [24]

„Kinder brauchen sie [*Märchen*], um ein elementares Ordnungsgerüst zu erkennen, sie brauchen sie, um ihre noch dif-

---

[24] Oliver Sacks: Der Mann, der seine Frau, S. 242

fuse Phantasie an Gestalten zu binden und somit ihre Welt dingfest zu machen. Märchen helfen den Kindern, sich in der Welt zu orientieren." [25]

In seinem immer noch wichtigen Buch >Kinder brauchen Märchen< führt *Bruno Bettelheim* dies in vielem näher aus. In dem interessanten Buch >Märchen als Therapie< zeigt die Psychologin Verena Kast in anderer Hinsicht deren Bedeutung.

Insgesamt ergibt sich in und aus der humanevolutionären Weiterentwicklung von Sprache und Kommunikation:

„Geschichten treiben uns um, nicht Fakten. Geschichten enthalten Fakten, aber diese Fakten verhalten sich zu den Geschichten wie das Skelett zum ganzen Menschen. Wer glaubt, beim Lernen gehe es darum, Fakten zu büffeln, der liegt völlig falsch; Einzelheiten machen nur im Zusammenhang Sinn, und es ist dieser Zusammenhang und dieser Sinn, der die Einzelheiten interessant macht. Und nur dann, wenn die Fakten in diesem Sinne interessant sind, werden wir sie auch behalten." [26]

Entsprechend formuliert der Psychologe Michael Lukas Moeller als eine seiner >Fünf goldenen Erkenntnisse<:

„Ich möchte in unserer Beziehung lernen, mich in konkreten Erlebnissen und nicht in Begriffen zu erläutern, weil Bilder und Geschichten erst wirklich tief gehend und umfassend wiedergeben können, wer ich bin – und wer Du bist." [27]

Es sind diese existenzialen und neuropsychogrammatischen Geschichten, aus denen sich in der humanevolutionären Entwick-

---

[25] Emma Brunner-Traut: Altägyptische Märchen, S. 9
[26] So der Neurowissenschaftler: Manfred Spitzer: Lernen, S. 35
[27] Michael Lukas Moeller: Die Liebe ist das Kind der Freiheit, S. 16

lung die Befähigung zur Selbststeuerung, zu Kommunikation und Kultur ergibt.

Die entsprechenden genetischen Grundlagen und sozialen Anforderungen führen im Verlauf dazu, dass eine bestimmte Sammlung von neuropsychogrammatischen und existenzialen Geschichten entsteht. Dieser Gesamtzusammenhang dieser Geschichten ist das, was dann bis zur historischen Entwicklung als >Mythologie< bestand.

Die >Mythologie< ist (vor der historischen Entwicklung) die Sammlung der Geschichten, die zunächst der kindlichen Bewusstseins-Entwicklung und dann (wie etwa unsere juristischen und psychologischen Fallgeschichten) dem für eine wirkliche Kultur notwendigen Bedarf an Kommunikation entsprechen. Es geht hierbei also nicht um die äußere Realität, sondern um Sprache und die Organisation unserer neurologischen Struktur. Sie war die Voraussetzung für die höheren kulturellen Begriffe wie etwa >Gerechtigkeit< und >Freiheit< und der genauen Bestimmung ihrer Funktion, dass ein Gespräch über empfundene Ungerechtigkeiten zu befriedigenden Klärungen führen konnte. Anders ist Kultur im vollen Sinn keine Möglichkeit, und anders hätte die humanevolutionäre Entwicklung ihr Ziel in der dringenden evolutionären Lösung des zu unfähigen Beziehungs- und Sozial-Lebens nicht erreicht.

Tatsächlich ergab sich auch, dass sich die Wortbildungen in der eiszeitlichen Sprache des Homo sapiens bis auf die ersten Lallwörter in der Art von *MaMa* aus den mythologischen Geschichten ableiten [28] – nicht umgekehrt, wie man von der historischen Sprachform her anzunehmen geneigt ist. Darauf verwiesen die lautlichen Zusammenhänge wie etwa *Kuh* – persisch *kuh* >Berg< = *STier* = *griech. tauros* = Gebirge in der Türkei – *Tauern* usw.

---

[28] s. dazu insgesamt mein Werk *Cûl Tura*

„Sprache ist in Mythen begründet (Mythos heißt in seiner ersten Bedeutung das Wort), und der Mythos umfasst noch bei-
des, den Primär- wie den Sekundärvorgang, die Vergangenheit wie die Zukunft, die Emotionalität und das rationale Er-
klärungsbedürfnis." [29]

In der Tat: „Am Anfang war das Wort" = der *logos* = der
Mytho-Logos (man beachte die Verbindung *Wort* = dän. *ord* =
lat. *ordo* – *Ord*nung!). Die Mythologie als die erzählte Form der
Organisation seiner Sprache, Didaktik, sozialen Kommunika-
tion und Kultur war in der humanevolutionären Entwicklung die
didaktisch und als Sprache in Worten und Begriffen aufbereitete
Essenz der Kultur- und Lebenserfahrung wie der Selbst- und
Menschenkenntnis (>Erkenne Dich selbst<).

Durch die Mythologie wurde der Mensch diskursiv, bewusst,
Subjekt, Kommunikations- und *Kulturwesen.* Durch die Mythologie als dialogisches Verhältnis zu den Kindern lernte sich der
Mensch in seiner Bewusstseins-Entwicklung, in seinen emotio-
nalen Bedürfnissen, in seinen Lernformen und Wahrnehmungen
kennen und begreifen. Durch die Mythologie lernte sich der
(Vor- und frühe) Mensch als *Mensch* verstehen, und so verstanden war die Mythologie in der Tat die Grundlage für das damalige Hinauskommen des Menschen über die Tierstufe. Dieses
war freilich nur mit einer ganz bestimmten Mythologie und nur
mit einem aufgeklärten Verhältnis zu ihr als Erwachsener möglich.

**Das also, was die humanevolutionär entwickelte Sprache von
der hominiden Sprache aus lediglich Vokabular und Grammatik im Entscheidenden unterscheidet, ist die Mythologie**
(um ursprünglichen Sinn).

---

[29] Wolfgang Schmidbauer: Wie Gruppen uns verändern, S. 149

2.7 Zur Evolution von Pubertät und Identität

Es versteht sich, dass die humanevolutionäre Entwicklung von
Kultur als der der Befähigung zur Verhaltenssteuerung in der
Ablösung von der genetischen Verhaltenssteuerung unabding-
bare Konsequenzen für die Persönlichkeits-Anlage des Menschen hatte.

Die evolutionäre Entstehung des Besonderen der menschlichen
Pubertät hat darin ihren Ursprung. Sie erklärt sich mitnichten aus
dem Aufkommen der Geschlechtsreife als solcher, sondern daraus, dass von der Anlage der Großhirn-Sozialisation ein wirklicher Zugriff auf die Verhaltenssteuerung erst mit der Geschlechtsreife zu erreichen war. Denn erst mit der Geschlechtsreife findet die Sozialisation ihr Ergebnis, und insofern konnte
erst auf dieser Stufe ein endgültiger Einfluss auf die Verhaltens-
Anlage erreicht werden.

Insofern tritt die Geschlechtsreife am Anfang der Pubertät in Erscheinung und ist die Pubertät auch mit hormonellen Veränderungen verbunden. Doch ist das nicht der eigentliche Inhalt der
menschlichen Pubertät. Dieser besteht vielmehr darin, dass es
im Verlauf der humanevolutionären Ablösung von der genetischen Verhaltens-Anlage mit dem Aufkommen der Geschlechtsreife zu einem erneuten Moratorium (nach dem >Werksinn<)
kam, diesmal zwecks Erwerbs der Selbst-Steuerung in all den
Hinsichten, wo ein bewusstes und selbst bestimmtes Steuern sozial und kulturell entscheidend war.

Völlig zu Recht sieht der Psychologie Erik H. Erikson (in seinem
bekannten Werk >Identität und Lebenszyklus<) in der Pubertät
das biologische Zentrum der Ausprägung von >Identität<. Hier
liegt im ontogenetischen Nachvollzug der humanevolutionären
Phylogenese der entscheidende Umbruch von der genetischen
Verhaltenssteuerung und Sozialisation (Es und Über-Ich) hin

zur Befähigung zur Selbststeuerung. Das >Ich< in dem besonderen psychologischen Sinn verknüpft sich (im Unterschied zum Ego und zum Selbst) mit dieser Steuerungs-Position, die nun an sich ab der Pubertät ausgeprägt wird.

Zutreffend sieht Erikson, dass sich diese Entwicklung zu der neuen menschlichen Erwachsenheit in **zwei** Stufen vollzieht. Der erste Schritt verknüpft sich mit der Emanzipation vom Infantilen zu der Übernahme seiner Selbst-Steuerung. In dem zweiten Schritt geht es darum, diese Steuerung in den entscheidenden sozialen und kulturellen Hinsichten beherrschen zu lernen, sodass man zu personalen Beziehungen wie zur Teilnahme an der gemeinschaftlichen Kommunikation und Gestaltung seiner Verhältnisse fähig wird.

Diese Entwicklung entstand in der Humanevolution aus den theaterartigen Spielen der Kindheit. Bei der zunehmenden Entwicklung solcher theaterartigen Spiele in der Kindheit erkannte man im humanevolutionären Prozess ihre Bedeutung für den Erwerb der Verhaltensfähigkeit.

Der entscheidende Schritt in der humanevolutionären Entwicklung dürfte sich ausschließlich von dort her erklären, dass es in dieser Entwicklung dahin kam, entsprechende Experimente im Kontext der Geschlechtsreife durchzuführen. Einerseits entstand in pubertären Krisen in dem Verlust der genetischen Verhaltenssteuerung ein entsprechender Bedarf dazu. Man sah sich vor Entscheidungen gestellt. Andererseits war eine wirkliche Befähigung zur Selbststeuerung auch nur mit entsprechenden Auseinandersetzungen und Übungen bzgl. einer Selbststeuerung zu erreichen. Eine wirkliche Selbststeuerung ergibt sich nun mal nicht von selbst und auch nicht im Nebenbei – darin liegt der entscheidende Unterschied zur genetischen Verhaltenssteuerung. Sie ergibt sich ausschließlich erst durch ausdrückliche und bewusste Erfahrungen mit seiner Selbststeuerung.

Dieser entsprechende „Fahrschul-Unterricht" in Schulung, Übungen und eigenen Experimenten ist ethnologisch unter dem

Stichwort >Jugend-Initiation< bekannt, wenn auch zumeist nur in verkümmerter wie auch oft in pervertierter Form. Es ist heute jedoch absolut deutlich, dass es ursprünglich dabei um den Erwerb der Befähigung zur Selbst-Steuerung ging. Dafür bieten sich ethnologisch einige Anhalte.

Im Zentrum verband sich mit dieser Jugend-Initiation demnach

- im Grundsätzlichen die Ablösung von den infantilen Strukturen des Es und Über-Ich und der Erwerb eines wirklichen >Ich< in der Befähigung zu Kommunikation, Selbststeuerung und einer kompetenten Teilnahme an der gemeinschaftlichen Selbststeuerung seiner Sozialverhältnisse;

- eine Schulung und eine Art Studium der Inhalte von >Kultur< (z.B. Psychologie, Jura wie im Verstehen von >Gerechtigkeit< usw.),

- der Erwerb einer wirklichen Sprachbeherrschung, die sich von den neurologischen Automatismen im Denken und von den Verinnerlichungen in der Kindheit ablöst und in der der Unterschied zwischen Sprache/Neurologie (>Denken<) und Realität erfasst wird. Es gilt dabei, Wörter als *Wörter* und Bilder als *Bilder*: Sprache als *Sprache*: als ein inneres neurologisches Medium zwecks Selbststeuerung und Kommunikation verstehen zu lernen und dies nicht mit der >Realität< zu identifizieren. In diesen Hinsichten kann z.B. die Übung mit einer nicht-sprachlichen Meditation in der Art von Zen von großer Bedeutung sein.

Im Besonderen verknüpft sich die Jugend-Initiation damit, ein erwachsenes Verhältnis im Umgang mit dem Geschlechter-Verhältnis, mit Eros und Sexualität zu erlernen. Ohne dies ist ein gutes Beziehungs- und Sozialleben menschlich nun mal keine Möglichkeit.

Das Schachtbild im Zentrum der Höhle von Lascaux (F) [30]

> „Unter zahlreichen traditionellen Völkern unserer Tage, einschließlich der australischen Aborigines und der südafrikanischen Buschleute, besitzen die Höhlenbilder einen direkten Bezug zu diesen Pubertätsriten. Beinahe immer dienen diese Riten auch dazu, Kenntnisse [… *seiner Kultur*] zu vermitteln. Tiere spielen in der Mythologie der meisten traditionellen Völker [...] eine entscheidende Rolle, und häufig dienen sie zugleich als Symbole der Geschlechtlichkeit und der Fruchtbarkeit." [31]
>
> Es geht dabei aber im Ursprünglichen nicht um einen Fruchtbarkeits-Kult, sondern um vielmehr um den Erwerb eines erwachsenen Umgangs mit Geschlechtlichkeit und dem anderen Geschlecht.

---

[30] Nachzeichnung, s. dazu Fotos z.B. in: Mario Ruspoli: Die Höhlenmalerei von Lascaux, insbesondere S. 149

[31] Göran Burenhult (Hg.): Illustrierte Geschichte der Menschheit I, S. 116

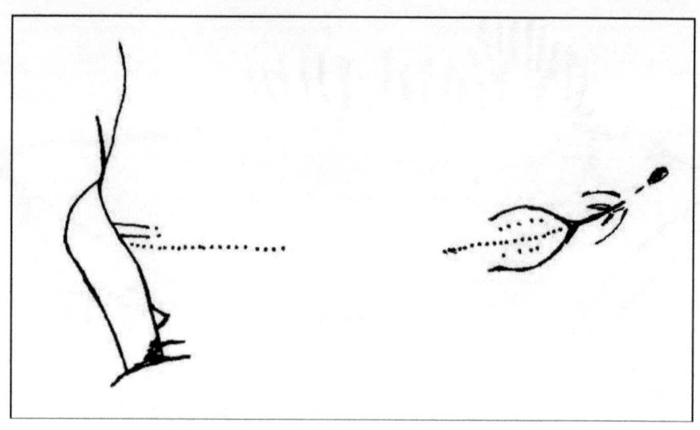

Das wohl dem Sinn des Schachtbildes von Lascaux entsprechende, ebenfalls zentrale, größte und mit gut 13.000 Jahren ähnlich alte Deckengemälde im **schwer** zugänglichen „Endsaal" der Ignatievka-Höhle im **Ural**. [32] „Zwischen den Beinen der Frau sind drei Punktreihen aus insgesamt 28 Punkten eingetragen [...]." Dies dürfte den weiblichen **Mond/ Monat-Zyklus** formulieren und damit vermitteln, dass Geschlechts--verkehr **Folgen haben** kann. Man beachte zwischen den Beinen die besondere **Neuner-Zahl**, die sich öfters in den eiszeitlichen Höhlen findet (unten rechts Lascaux, links aus der Höhle von El Castillo (Spanien), alles Nachzeichnungen CR)

---

[32] Angaben, Zitat und Vorlage: V. E. Ščelinkij & V. N. Širokov: Höhlenmalerei im Ural, S. 112. Dort auch die Abbildung und Fotos

70

<u>Überblick: Die Etappen der humanevolutio-
nären Entwicklung</u>

Stufe A	**Übergangsfeld** Hominiden – *Homo archaicus*
Stufe I	*Homo archaicus* (I A) – B: **Übergangsfeld** zum *Archaischen Homo sapiens*
Stufe II	*Archaischer Homo sapiens*

Stufe   Inhalte der humanevolutionären Entwicklungen

Stufe		Inhalte der humanevolutionären Entwicklungen
A		- Neurologisch unreiferer Nachwuchs bei Geburt mit gesteigerter und qualifizierterer Spiel-Aktivität in der Kindheit
I	A	- Die integrale Einbindung des Sprachlichen in das neurologische System
	B	- Die Entwicklung von Geschichten und Rollen-Spiel-Lernen zwecks Verhaltens-Übung - Die Entwicklung der (urspr.) Mythologie - ausgeprägte Rollen-Spiel-Kultur in der Kindheit; kulturelle Begriffe
II	A	- Die Entwicklung der Jugend-Initiation
	B	- Die Entwicklung der Pubertät = **Die Entwicklung von Identität, Personalität und Kultur = d**ie Fähigkeit zur Selbst-Steuerung bei *einigen* Persönlichkeiten →

→ Die Ausbildung der **allgemeinen** genetischen An-lage zur Ausbildung der Fähigkeit zur Selbststeuerung
= **kulturale Anlage**
   = **Homo sapiens** als unserer Art

71

2.8 Zur eiszeitlichen Kultur des Homo sapiens

Die humanevolutionär entwickelte Kultur des Homo sapiens war unmöglich primitiv, weil wir Homo sapiens von unserer biologischen und kulturellen Anlage alles andere als primitiv sind – man könnte: leider.

Denn ohne ein entsprechendes Knowhow bzgl. von Kultur und ohne einen entsprechenden Erwerb an Fähigkeiten bzgl. der Selbststeuerung in Kommunikation und Verhalten ist ein fähiges Sozialleben nicht zu erreichen.

Von der humanevolutionären Ablösung der genetischen Verhaltens-Anlage her lassen sich die Probleme im Sozialleben unmöglich auf die „Natur des Menschen" zurückzuführen, weil das Verhalten bei uns Homo sapiens auf der Erwachsenen-Ebene biologisch eine Sache der eigenen Steuerung ist. Der Mensch ist kein „Mängelwesen", wie auch der Computer keine „Mängelmaschine" ist. Gerade mit dieser Entwicklung der in Hardware und Software differenzierten Anlage ergab sich der große Erfolg der Computer-Technologie, und Entsprechendes gilt für die auf die Aufnahme von Software ausgelegte kulturale Anlage unserer Art Homo sapiens. Entsprechend ist die Sprachlichkeit angeboren, aber die Sprache eine eigene kulturelle Entwicklung, die in der Sozialisation hinreichend >installiert< werden muss.

Die humanevolutionäre Entwicklung erklärt sich, wie gezeigt, ausschließlich durch einen Erfolg zu einem fähigen Sozialleben in Lebens-Qualität. Dennoch war ein Bestand an fähiger Kultur niemals eine Selbstverständlichkeit, weil sie anders als die genetische Verhaltenssteuerung kein biologischer Automatismus, sondern der entscheidende Gegenstand des Soziallebens ist.

Dies gilt auch für die Eiszeit. Auch in der Eiszeit gab es immer wieder mal Notstandsprobleme, die durch plötzliche Widrigkeiten in der Natur (Ausbrüche von Supervulkanen, drastische Klimawechsel usw.) ausgelöst wurden und in ihren Anforderungen keine zureichende Adaption an Kultur erlaubten.

Entsprechend konnte es auch schon in der eiszeitlichen Kultur zu Verlusten an Kultur und zu entsprechenden Problemen an kultureller Verwahrlosung kommen, die zu sozialen Hierarchien und Gewalt führten. Es war von daher wohl möglich, dass diese Fehlentwicklungen umliegende Verbände mit in ihren Untergang reißen, doch einen weiteren Effekt konnten sie damals nicht erreichten. Dazu verfügten die damaligen Verbände weder über die Größe noch an technologischem Potential. Mag es einzelne archäologische Befunde geben, die auf Gewalt in dieser *Ära* deuten (in den meisten Fällen hat sich jedoch herausgestellt, dass dies auf Tiere zurückging), so handelt es sich um Einzelfälle ohne weitere Wirkung. Solche etwaigen Fehlentwicklungen schieden in der Eiszeit im Dunkel der Geschichte aus. Es gibt keinerlei Möglichkeit, die erst später in der Geschichte aufkommenden Kriegsprobleme auf die eiszeitliche Kultur HS und auf die Humanevolution zurückzuführen.

Es ergibt sich von der kulturalen Anlage von uns Homo sapiens her, dass es ohne eine zureichende Entwicklung an Kultur nicht zu einem längeren Sozialbestand kommt. Ohne das kultural notwendige Ausmaß an Entwicklung von Kultur (Identitäts-Prinzip!) kommt es unweigerlich zu sozialen Problemen, genau wie bei den Hominiden und mit den gleichen Folgen.

Ohne eine hinreichende Fähigkeit zu Kommunikation und im Sozialverhalten wäre es bei der humanevolutionär entwickelten Kultur des Homo sapiens nie zu einem Sozialleben über die Jahrzehntausende gekommen. Diese Fähigkeit entstand durch entsprechende Schulungen und Trainings in der so genannten >Jugend-Initiation<. Das, was in der mindestens ebenso wie die Buchstaben-Schrift genialen eiszeitlichen Sprache des Homo sapiens zum Ausdruck kam, belegt ein enormes didaktisches, psychologisches und kulturelles Wissen und Verstehen. [33]

Ohne Zweifel hatte die eiszeitliche Kultur des Homo sapiens ihren Grenzen. Sie war noch nicht das Optimum, und auf das evolutionäre Problem, das sich bei der Entstehung der historischen Entwicklung zeigt, kommen wir noch zu sprechen. Doch hat diese Problematik mit den außergewöhnlichen Naturkatastrophen am Ende der Eiszeit zu tun.

War die humanevolutionär entwickelte Kultur des Homo sapiens bis zum Ende der Eiszeit wohl vom Technologisch-Materiellen auch sehr schlicht gehalten, so war sie doch in menschlicher Hinsicht alles andere als primitiv. Die Anhalte in der humanevolutionären Entwicklung und in dem kulturellen Vermächtnis weisen auf ein fähiges Sozialleben, auf einen fähigen Umgang mit den Kindern und auf ein fähiges Geschlechter-Verhältnis vor allem in Sachen Eros und Liebe. Ohne dies wäre der lange Bestand im Sozialleben keine Möglichkeit gewesen. Weder die humanevolutionäre Entwicklung noch die eiszeitliche Kultur des Homo sapiens lassen sich insgesamt anders verstehen.

Auch die zahlreichen Experimente, Unternehmungen und kulturellen Befunde der eiszeitlichen Kultur deuten auf ein erfreuliches, kreatives und abenteuerreiches Leben. Man hat etwa die eiszeitlichen Höhlen in einem Ausmaß erforscht, wie man es erst in jüngster Zeit – mit moderner Technik – wieder geschafft hat.

Es ist hier nicht der Ort, ausführlicher auf die ganzen Befunde und Anhalte der eiszeitlichen Kultur des Homo einzugehen. So möchte ich diesen Punkt mit einigen bezeichnenden Zitaten abschließen.

---

[33] s. dazu mein Werk *Cûl Tura* über diese eiszeitliche Sprache

74

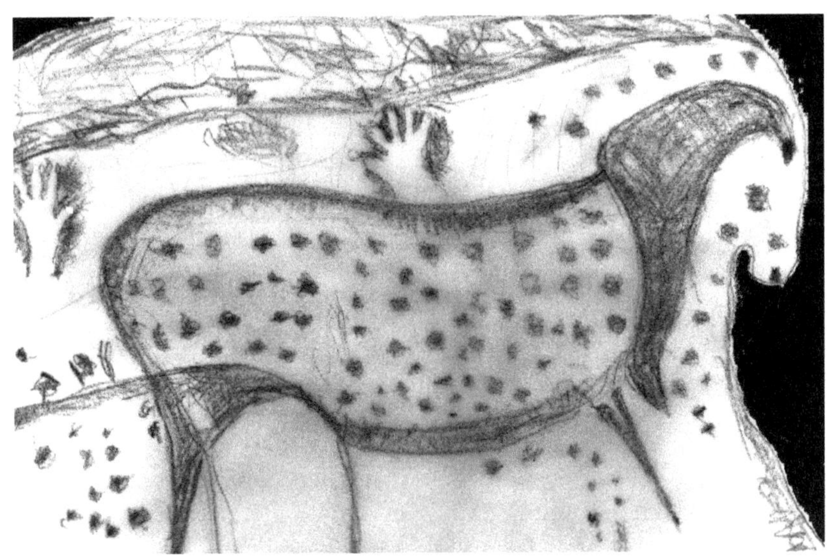

*in der Höhle Peche-Merle (F), Umriss ca. 15.000 Jahre alt, Punkte und
Hände* verschiedentlich *hinzugefügt*

„Eines der typischsten Merkmale dieser [**eiszeitlichen Höh-
len-**] Bilder ist ihre beinahe unzugängliche Lage. Wenn überhaupt, erscheinen die Bilder nur selten an den Eingängen der
Höhlen [...]. Stattdessen muss man auf Knien und Ellenbögen
gehen und kriechen, ja manchmal sogar reißende unterirdische
Flüsse und Seen durchschwimmen, um - manchmal unter Le-
bensgefahr - die innersten Bereiche jener Zufluchtsstätten zu
erreichen. Man stelle sich nur den Gedanken vor, dass man den
Weg nicht wieder zurückfindet oder in einem der nahezu un-
passierbaren Gänge stecken bleibt. Nicht selten stößt ein Forscher, der nach Höhlenbildern sucht, auf eine Sackgasse, die
zu eng ist, als dass er sich umdrehen könnte. Dann bleibt ihm
nichts anderes übrig, als über Hunderte von Metern rückwärts
zu kriechen. Die Gefahr und die Erregung müssen ein wesent-
licher Teil des paläolithischen Rituals gewesen sein. Die Lampen jener Zeit, die mit Tierfett gespeist und mit Dochten aus

trockenen Fasern versehen waren, brannten vielleicht fünf oder sechs Stunden lang. In zahlreichen Höhlen wurden Steinlampen gefunden. Einige davon waren elegant geformt, während andere lediglich aus einfachen Kalksteinplatten bestanden, in die Löcher für den Brennstoff gebohrt waren. Niemals jedoch wurde das Skelett eines Menschen gefunden, der es nicht mehr geschafft hatte, die Höhle lebend zu verlassen.

Tief im Inneren der am wenigsten zugänglichen Höhlen schufen diese paläolithischen Künstler ihre Kunstwerke. Aber selbst hier mieden sie die leicht einsehbaren Oberflächen. Stattdessen wählten sie häufig eine abgelegene Stelle in einem engen Gang, die von den günstigsten Positionen aus nicht sofort zu sehen waren.
Ganz eindeutig suchten diese Künstler mit ihren flackernden Lampen nach einem besonderen Blickwinkel für die Höhlenwände. Er sollte dem Bild aus der realen Welt, das sie vor ihrem geistigen Auge hatten, Leben einhauchen - etwa einem rennenden Pferd oder einem angreifenden Wisent. Aus den Unregelmäßigkeiten der Felsoberfläche suchten sie jene natürlichen Bildungen heraus, die sie in ihre Darstellungen integrieren konnten. Dies ist ein Erkennungsmerkmal vieler Höhlenbilder, einschließlich der großartigen Mammute von Rouffignac und der lebensecht wirkenden Löwin von Les Combarelles, deren Augen aus natürlichen Feuersteinkernen bestehen, die im Kalkstein eingebettet sind.
Es ist häufig schwierig, den Winkel zu bestimmen, den der Künstler für den Anblick eines bestimmten Bildes vorgesehen hatte, geschweige den Winkel, von dem aus er selber das Bild gesehen hatte. Häufig entsteht der Eindruck, dass der Künstler für den Betrachter ein Überraschungsmoment eingebaut hat, der sich erst nieder ducken muss, ehe das Bild für ihn zum Leben kommt. Wir können uns kaum vorstellen, wie diese Künstler es schafften, lebensgroße Bilder mit korrekten Proportionen dazustellen, ohne dass sie imstande waren, zurückzutreten und das Werk als Ganzes zu betrachten. [...]." [34]

---

[34] Göran Burenholt: Illustrierte Geschichte der Menschheit I, S. 106

76

Das folgende Zitat bezieht sich wohl auf eine historische Ethnie, aber eine, die insgesamt die eiszeitliche Kultur des Homo sapiens fortgeführt hat:

„Die Jenissejer lieferten, als Vertreter der sibirischen Völkerschaften, dem Forscher das entschiedene >Beispiel für ein sinnhaftes Dasein, das aus einer uralten, seelisch bis an den Rand mit Erleben angefüllten Inspirationskultur gespeist wird.< [...]
Dass diese Nordvölker aber trotz so zahlreicher, ihr Dasein aufs ernsteste bedrohender Naturgegebenheiten ein fast unvorstellbar reichhaltiges Geistesleben geschaffen haben [...], zwingt uns nicht nur zur Anerkennung, sondern geradezu zu Hochachtung und Bewunderung einem Menschentum gegenüber, das sein Heil nicht in Technik, sondern in der Vielfalt von naturphilosophischen Mythen, Riten, Dichtungen und Gesängen gefunden hat. [...] Nordasien bietet dagegen ein Bild des genauen Gegensatzes zu unseren Zuständen: eine Technik, die auf denkbar einfachster Stufe stehen geblieben ist, wogegen die Künste absolut wertbestimmend sind [...]."[35]

„Überhaupt ist es typisch für Sammlerinnen- und Jägergesellschaften, die unter Bedingungen wie die der afrikanischen leben, dass sie ein ausgesprochen unbekümmertes, heiteres Naturell besitzen, sich gerne amüsieren und viel lachen.
Die Voraussetzungen dazu sind ihnen auch wahrlich gegeben. Man hat errechnet, dass Buschmänner oder Hadza zum Beispiel einen Arbeitsaufwand von weniger als zwei Stunden pro Tag aufbringen müssen, um ihren Lebensunterhalt sicherzustellen. Es bleibt ihnen also reichlich Muße, die ihre Fantasie beflügelt und die sie denn auch mit viel Spiel, Tanz, Gesang, Unterhaltung und Geschichtenerzählen ausfüllen. Man darf annehmen, dass dies früher [...] nicht viel anders war."[36]

---

[35] Hans Findeisen & Heino Gehrts: Die Schamanen, S. 12, 25, 150
[36] H. Christoph, K. E. Müller & Ute Ritz-Müller: Soul of Africa, S. 91

„Am Lagerfeuer erzählte Märchen, komplexe Sandgemälde
und Tänze, welche die Mythen der Gruppen darstellen, hinterlassen keine Spuren. Doch sind gerade sie das Wesentliche
des Menschseins von Wildbeutergesellschaften." [37]

Alles in allem:

„So führten die wenigen Menschen, die nomadisierend das
Land durchzogen, wahrscheinlich ein fröhliches Jägerleben,
unbeschwert und glücklich, allen guten Dingen dieser Erde
zugetan. Daher auch die Vermutung, dass sich in der Para-
dieslegende die Erinnerung an diese letzte Epoche der Eiszeit
erhalten habe." [38]

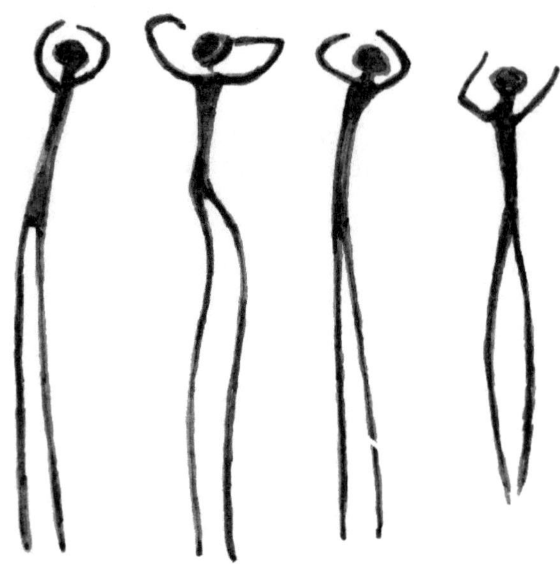

Sahara, etwa am >Ende der Eiszeit<, Ausschnitt (von mehr Figuren) [39]

---

[37] Roger Lewin: Spuren der Menschwerdung, S. 144
[38] Rudolf Pörtner: Bevor die Römer kamen, S. 101 f.
[39] Nachzeichnung nach Emmanuel Anati, Höhlenmalerei, S. 182

78

3 Zu dem Begriff Geschichte

Was unter dem Begriff >Geschichte< zu verstehen ist, ist keineswegs per se klar. Es ist eine Frage der gesellschaftlichen und wissenschaftlichen Konvention und dann auch der Begriffsbestimmung und Definition.

Mit den neueren Einsichten in der Archäologie und bzgl. der Evolution stellt sich auch die Frage nach der Bestimmung des Begriffs >Geschichte< neu.

Ist der Mensch oder unsere Art Homo sapiens, wie ich es schon von einer Professorin gehört habe, *an sich* ein >geschichtliches Wesen<? Durch was begründete sich dies, und hätten wir dann etwa seit 150.000 Jahren in demselben Sinn eine >historische Entwicklung<, die sich lediglich in ihren Epochen unterschiede?

Oder gibt es bedeutsame Gründe, den Begriff >Geschichte< in einem besonderen Sinn auf einen sehr bestimmten Entwicklungsprozess innerhalb der menschlichen Existenz zu verwenden, und wenn ja, warum? Hat es in diesem Fall innerhalb des evolutionären Bestandes unserer Art Homo sapiens einen sehr bestimmten >Anfang< einer substanziell neuen Entwicklung gegeben, etwa aufgrund neuer Einsichten und/oder Entdeckungen?

Große Wandmalerei von Çatal Höyük
Der (geschlechtlich nicht markierte) „Stier" ist ca. 5 x 2 m groß (vgl.
den Bison von Lascaux S. 69)

Nachzeichnung nach einer Zeichnung aus einer Mediendatei der damaligen
Ausstellung im Badischen Landesmuseum Karlsruhe, vgl. Foto in:

Badisches Landesmuseum Karlsruhe: Vor 12.000 Jahren in Anatolien, S. 130

3.1 Zu dem Begriff der >historischen Entwicklung<

Grundsätzlich ist natürlich zu sagen, dass es eine Frage der Konvention ist, wie man in einer Kultur seine Wörter gebraucht. Wo das Englische zwischen *story* und *history* differenziert, benutzen wir im Deutschen das gleiche Wort >Geschichte<.

Doch wird auch *Geschichte* im Sinne von *history* in einem unterschiedlichen Sinn gebraucht, wie es schon bei der Konzeption der >Big History< (→ 1.3) zum Ausdruck kam. Da der Begriff >Geschichte< schon seit langem unterschiedlich gebraucht wird, ist es müßig zu fragen, was >der Begriff bedeutet<. Es stellt sich vielmehr die Frage, was *wir* unter diesem Begriff kommunizieren wollen.

Insgesamt motiviert sich der Begriff *Geschichte* durch einen zeitlichen Charakter. Dieser zeitliche Charakter besteht schon in Hinsicht auf die Evolution nicht bloß abstrakt (in bloßen Jahreszahlen), sondern in substanziellen *Prozessen*.

Dies gilt auch für die menschliche Existenz. Bereits die humanevolutionäre Entwicklung kann nicht mehr einfach als bloße Biologie und >Naturgeschichte< begriffen werden. Bei der Evolution von Kultur und der Befähigung zu Selbst-Steuerung muss zumindest die entscheidende letzte Phase primär von der menschlichen *Zielsetzung* her begriffen werden. Ohne einen bereits bestehenden kulturarchitektonischen Bauplan wäre Kultur sozial niemals Möglichkeit geworden. Dazu ist (wie bei uns der Bau eines gängigen Hauses) die neurologische Anlage des Menschen zu komplex, als dass man sich sozial auf einer rein spontanen Basis hinreichend koordinieren könnte. Bis zum Erwachsenen ist schon viel gelernt und von der Sozialisation geprägt.

Das alles war evolutionär – und ist seitdem - für ein wünschenswertes Sozialverhalten zu klären und zu bestimmen. Von dort her kam es evolutionär zu dem neuen biologischen Moratorium zwischen Geschlechtsreife und der menschlichen Erwachsenheit, und zwar aufgrund von Aktivitäten in Form der so genannten >Jugend-Initiation<. So ist, wenn man will, unsere Art Homo sapiens selbst schon ein Produkt einer selbst geschaffenen und selbst gesteuerten >historischen< Entwicklung. In diesem Sinne befänden wir uns etwa im Jahre 152.023 HS oder gar 202.023 HS.

Auch das Weitere ist mit einer deutlichen Entwicklung verbunden. Aufgrund des geringen genetischen Spektrums bei uns Homo sapiens nimmt man an, dass der evolutionäre Ausgang unserer Art bei lediglich „etwa 1000 bis 10.000 Individuen" gelegen hätte. [40]

Wann auch immer dieser Zeitpunkt tatsächlich gelegen hat (ich würde ihn deutlich früher ansetzen), so ging demnach unsere Art von einer so kleinen Populationsgröße und einer Verbreitung von Afrika aus. Dass unsere Art vor ca. 40.000 – 50.000 Jahren auf einmal von Europa bis Australien in fossilen Resten wie in kulturellen Hinterlassenschaften (Malereien, Plastiken) deutlich fassbarer wird, hat für mich (im Unterschied zu manchen) nichts mit einem evolutionären Schub zu tun. In erster Linie erklärt sich mir dies durch eine inzwischen deutlich gesteigerte menschliche Population, dass sich nun eher Spuren finden lassen.

Doch kommt es auch zu einer zunehmenden Erfahrung des Menschen. Manche Entwicklungen, die erst mit dem „Neolithikum" im Nahen Osten in Verbindung gebracht werden, finden sich bereits in der eiszeitlichen Kultur des Homo sapiens.

So gab es im eiszeitlichen Magdalénien „aufwendig gebaute Hütten" (Parzinger: 226), und man kennt schon aus der Zeit vor 25.000 Jahren Großbauten, etwa in der Ukraine bis zu „12 Meter

---

[40] Wikipedia: Genetischer Flaschenhals (1.5.23, 10:50)

lange Langhäuser" [41] und insgesamt sogar „fünf bis sechs Meter breite und bis zu 30 Meter lange Häuser." [42] „Man kann bei einem Teil dieser Behausungen nicht von Hütten sprechen, sondern muss sie schon als Hausbauten bezeichnen." [43] Im heute tschechischen Bereich grub man noch ältere Siedlungen (ca. 27.000 Jahre) in der Größe von „mindestens 100 bis 125" Einwohnern aus. [44] Dort gab es auch schon Brennöfen für Ton. [45]

Auch das Nutzen von Wildgetreidesamen war nichts Neues. Schon früher belegt sich für den Nahen Osten, dass wilde Gerste gesammelt wurde, sogar auch „gemahlen und gebacken, vielleicht auch wilder Weizen", [46] und dort fanden sich auch bereits Sicheln zum Schneiden (ebd.). Entsprechendes belegt sich bereits an einer 23.000 Jahre alten Fundstelle in diesem Gebiet. [47]

In manchem war es schlichtweg ein früherer Forschungsstand, wenn man bestimmte Entwicklungen erst als Ausfluss der „Neolithischen Revolution" im Nahen Osten sah. Da es längst deutlich geworden ist, dass es etliche Ansätze schon deutlich früher gab, sieht man inzwischen eher eine schon ältere langsame graduelle Entwicklung.

Wenn heute entsprechend zumindest in Bezug auf den Nahen Osten auf das Element >Revolution< verzichtet wird, so hat sich aber an der Konzeption der >Neolithischen Revolution< sonst seit langem nichts geändert. Es bleibt ja auch nach wie vor der Fall, dass in diesem Kontext die verschiedensten neuen Ent-

---

[41] Ronnie Lilijegren, in: G. Burenholt: Illustrierte Geschichte I, S. 88 f.

[42] G. Bosinski, in: Die ZEIT Welt- und Kulturgeschichte, Band 1, S 103

[43] Alfred Rust, in: Propyläen Weltgeschichte, Band 1, S. 200

[44] Ronnie Lilijegren, in: G. Burenholt: Illustrierte Geschichte I, S. 88 f.

[45] Die bekannte „Venus" von **Dolni Vestonice** (Tschechien) ist aus Ton gebrannt. Dazu gibt es auch weitere Menschen- und Tierfiguren aus Ton. Zwei Brennöfen lagen etwa 80 m außerhalb von dem Ort. Offenbar wurden dort vor allem pyrotechnische Experimente oder Rituale durchgeführt.
  S. dazu: Richard Rudgley: Abenteuer Steinzeit, S. 246 f.

[46] Wikipedia: Kebarien (1.5.23, 10:53)

[47] Geo 03/2005: *Antike Krumen,* S. 169 f.

wicklungen wie die Nahrungsproduktion mit Pflanzen- und Tier-Zucht sowie die Sesshaftwerdung bis hin zu großen Orten aufkommen, die dann in der altorientalischen Hochkultur münden. Es kommt hier nicht darauf an, dass nun alles *absolut* neu ist und ob alles im Nahen Osten seinen Ursprung hat. In anderen Teilen der Welt ist es zu vergleichbaren Entwicklungen gekommen.

Mit diesen Korrekturen, Verbesserungen und Nachträgen schien das Geschichts-Modell seine wissenschaftliche Form gefunden zu haben.

Wir sehen insgesamt graduelle Übergänge zwischen den verschiedenen Stadien. Schon Homo sapiens ist demnach das Produkt eines graduellen evolutionären Prozesses. Er verbreitet sich eher in fließender Form über die Welt, und dabei kommen immer wieder neue Entwicklungen und Erfindungen auf. Nach dem Ende der Eiszeit nimmt dies zuerst im Nahen Osten und dann ebenso auch in anderen Teilen der Welt neue Dimensionen an, bis zu den verschiedensten Hochkulturen und von dort her bis heute.

Es ist hier nur die Frage der Konvention, wie man nun den Begriff >Geschichte< gebrauchen will. Die Geschichtswissenschaft setzt ihn mit dem Bestand von Schrift an, weil es von der Konvention her mit ihrem Arbeitsgebiet verbunden ist.

Diese Sicht ist derzeit gängige und hat sich nicht ohne Grund verbreitet. Doch wenn dies auch gegenüber dem 19. Jahrhundert deutlich verbessert ist, so ist dies insgesamt immer noch das alte Modell, sozusagen mit der Erde als Scheibe.

3.2 Zu der Unhaltbarkeit des gängigen Geschichts-Bildes

Dass das gängige Geschichts-Modell so plausibel erscheint, erklärt sich neben den inzwischen reichhaltigen Ausschmückungen in Büchern, Filmen und Ausstellungen schlichtweg darin, dass es sich dabei um eine nur aktualisierte Version der altbekannten vorwissenschaftlichen Konzeption der >Fortschrittsgeschichte< handelt, die spätestens mit der Industriellen Revolution zur Doktrin ihrer Vertreter wurde.

Es geht hier nicht darum zu bestreiten, dass es nicht **auch** Fortschritt/e gegeben hätte. Nur dürfen wir uns hier nicht mit >Ammenmärchen< und einem aus vielerlei Gründen überholten und unhaltbaren Geschichts-Bild zufriedengeben.

Wenn es keine praktischen Probleme gäbe, dann bestünde nicht dieser Bedarf, den **tatsächlichen** Verlauf der historischen Entwicklung zu klären. Doch sofern man ernsthaft aus den ökologischen Problemen usw. herauskommen will, braucht es eine zutreffende Weltgeschichts-Karte. Denn auch die ökologischen Probleme sind nichts Neues. Sie folgten mitunter schon recht schnell dem Beginn der historisch relevanten Nahrungsproduktion im Neolithikum und sind damit geistig wie praktisch schon lange ein *integrales* Problem unserer Kulturanlage und Weltanschauung.

Das alte, aber immer noch gängige Weltgeschichts-Modell erweist sich in allen entscheidenden Punkten als unhaltbar. Es ergäbe sich hier ein ganzes eigenes Buch, nähme man all die einzelnen Punkte auf, wo Unstimmigkeiten in den gängigen Darstellungen bestehen, Fakten übergangen werden oder nicht in den Blick geraten.

Ich will mich hier auf die grundlegendsten Punkte beschränken. Insgesamt kann man den Ursprung der Fehler des alten Geschichts-Modells 3 – 4 Bereichen zuordnen. Die grundlegendste Ursache für diese Fehler liegt in dem früheren Daten-Bestand, der im Weiteren mangels Überblicks in den fachwissenschaftlichen Diskursen weitertradiert wurde. Auf diesem Bestand baute sich auch eine dem gesellschaftlichen Selbstverständnis entsprechende Mythologie auf. Dazu kommt, was in diesem Zusammenhang alles nicht in den Blick geriet.

Das Zitat von Friedrich Engels (→ S. 26) zeigt, wie sehr man früher auch einschließlich der progressiv gemeinten Kontexte von falschen Vorstellungen ausging. Gerade auch die damals neue Evolutions-Theorie bestärkte dies in ihren ersten Gehversuchen. Vieles hat sich davon in der gängigen gesellschaftlichen Mythologie bis in die Forschung hinein noch immer erhalten, wo tatsächlich festzustellen ist, dass dies – und zwar ganz entsprechend der hiesigen praktischen Ausrichtung – die Dinge auf den Kopf stellt. Der Journalist Wolf Schneider hat in seinem Buch >Wir Neandertaler< vieles davon sehr pointiert aufgeführt, u.a.:

> „Seltener macht man sich klar, wie viel Unglück der Mensch mit der Landwirtschaft über sich selber gebracht hat: die Fron, die Armut, die großen Kriege - und sogar den Hunger." (S. 180 f.)

Es ist inzwischen allgemein ersichtlich, dass die Vorstellung, erst die Nahrungsproduktion hätte die Versorgungsproblematik beim Menschen gelöst, die Sache auf den Kopf stellt. Zwar kamen schon vor dem Ende der Eiszeit hier und da schon mal Versorgungsprobleme auf. Doch an sich war die Nahrungsversorgung bereits seit den einfachen Affen (Anthropoiden) ein nachrangiges und geringes Thema (→ S. 52 f.). Wohl ging der Schritt zur Nahrungsproduktion von einer höchst besonderen Situation aus, in der Versorgungsprobleme bestanden, doch erklärt sich das Problem nicht einfach von der Natur her selbst. Vor allem löste dieser Schritt (von daher) die Versorgungsprobleme nicht, sondern verstärkte und systematisierte sie. Die systematischen Versorgungsprobleme entstammen nicht von der Evolution und der Natur her. Sie sind ein Produkt der historischen Entwicklung.

„Die verbreitete Vorstellung, dass Wildbeuter [= *Jäger und Sammler-Kulturen*] stets am Rande des Existenzminimums darben und die Übernahme der Landwirtschaft für sie ein Gewinn wäre, ist falsch. Im Gegenteil - in völkerkundlichen Studien aus den 70er Jahren werden Wildbeutergruppen als >Überflussgesellschaften< charakterisiert: Sie haben in der Regel alles, was sie brauchen, und benötigen für ihre Existenzsicherung nur einen Bruchteil der Zeit, die Bauern dafür aufwenden." [48]

„Drittens müssen die Jäger und Sammler für das Überleben nicht hart arbeiten -, und darin liegt offenbar wenigstens teilweise der Grund, warum sie dieses Leben führen. Schätzungsweise arbeitet ein Erwachsener im Durchschnitt 15 Stunden pro Woche [...]. Diesem einfachen, aber sicheren [!] und relativ mühelosen Leben dürfte ihr Selbstbewusstsein, ihre Neigung zu Verschwendung und ihre scheinbare Sorglosigkeit zuzusprechen sein – Eigenschaften, die bei den weniger sicher [!] lebenden, sesshaften Bauern und Stadtbewohnern der Mittelklasse für Neid und Verärgerung sorgen." [49]

„Warum ließen sich die Menschen nieder und wurden Bauern, die sich Ackerbau und Viehzucht verschrieben? Bislang gibt es keine plausible Erklärung. Denn die Bewirtschaftung der Felder war [*in dieser Zeit*] viel zu aufwendig und die Er-

---

[48] Brigitte Röder, in: Bärbel Auffermann & Gerd-Christian Weniger: Frauen - Zeiten - Spuren, S. 242
[49] Wilhem Östberg, in: Göran Burenhult: Illustrierte Geschichte der Menschheit V, S. 142

träge waren viel zu gering, als dass es sich gelohnt hätte, das Jäger- und Sammer-Dasein aufzugeben." [50]

Dazu kommt:

„Interessant ist nun, dass Ackerbau treibende ehemalige Wildbeuter ihre neue Lebensform nach eigenen Angaben nicht für erstrebenswert halten: Sobald sich eine Möglichkeit bietet, geben sie die Landwirtschaft wieder auf und kehren zu ihrer traditionellen Wirtschafts- und Lebensform zurück." [51]

Aus der Dogon-Kultur, Afrika:

„Das Tier [...] ist dem Menschen überlegen, denn es stammt aus dem Busch und ist nicht zur Arbeit gezwungen. Viele Tiere ernähren sich von dem, was der Mensch mühsam anbaut." [52]

Vgl. dazu:

„Die Bororro [*Afrika*] fühlen sich den sesshaften Bauern, an denen sie mit ihren Herden vorüberziehen [...], haushoch überlegen und halten diese für kaum mehr als Sklaven." [53]

Bei den Mongolen galt dies gar in Bezug auf die Viehzüchter:

„Formulierungen wie >die glücklichen Waldvölker< (Geheime Geschichte, § 239) deuten wohl darauf hin, dass den höher entwickelten Steppennomaden die Waldleute ob ihrer ungebundenen Lebensweise und geringeren sozialen Differenzen in einer Art >Goldenem Zeitalter zu leben schienen;

---

[50] aus: Josef H. Reichholf: Warum die Menschen sesshaft wurden – Das größte Rätsel unserer Geschichte, S. 2
[51] Brigitte Röder, in: Bärbel Auffermann & Gerd-Christian Weniger: Frauen - Zeiten - Spuren, S. 242
[52] Marcel Griaule: Schwarze Genesis, S. 138
[53] W. Östberg, in: Göran Burenhult: Illustrierte Geschichte V, S. 133

andererseits erachteten auch die Waldleute selbst ihre relative Freiheit als wertvoller als das etwas stärkeren Bindungen unterworfene Leben der Viehzüchter." [54]

Dazu ließen sich ethnologisch weitere Beispiele aufführen.

Interessant ist nun weiterhin, dass die Sesshaftwerdung im Nahen Osten daraus erklärt wird, dass es damals in einem dortigen >Fruchtbaren Halbmond< zu besonders günstigen Lebensbedingungen gekommen wäre.

Es zeigt sich bei den allgemeinen ethnologischen Daten, dass der entscheidende Unterschied nicht etwa zwischen den Wildbeutern (Jägern + Sammlern) und der Nahrungsproduktion an sich liegt, sondern in dem Ausmaß und der Bedeutung der Nahrungsproduktion. Aus dem allgemeinen ethnologischen Bestand ergibt sich, dass bereits ein Anteil von 10% an Nahrungsproduktion in der Versorgung grundlegende Konsequenzen für das Sozialleben zeitigte, [55] so u.a. in dem Aufkommen autoritärer Strukturen.

Mit dem Anbau von Nahrung sind zumeist erhebliche Konsequenzen verbunden. Wo er zu einem überlebenswichtigen Faktor wird, kommt es schnell dazu, an ein Gebiet gebunden zu werden, das für ein Leben als Jäger und Sammler zu klein ist.

Von da aus hat die Nahrungsproduktion sehr schnell weitere Konsequenzen. Man übersieht bei dieser Thematik leicht, dass die Vorteile, die man mit Nahrungsproduktion an sich assoziiert, mit einer ganzen Reihe an weiteren Gegebenheiten verbunden sind, die im Großen und Ganzen erst weit später entstanden. Hier liegt in den Debatten ein großer Fehler, weil hier oft die unmittelbaren zeitgeschichtlichen und die übergreifenden menschheitsgeschichtlichen Aspekte durcheinander geworfen werden, die erst mit etlichen Weiterentwicklungen aufkamen.

---

[54] Erika & Manfred Taube: Schamanen und Rhapsoden, S. 19 f.
[55] S. dazu die Charakteristika der >Stadien des niederen Bodenbaus< in: Frank Robert Vivelo: Handbuch der Kulturanthropologie, S. 92 ff.

In den Bemühungen, die Vorteile der Nahrungsproduktion zu nutzen und ihre bisherigen Problematiken zu lösen, liegt eine Ursache der zumeist nicht ohne Gewalt begründeten größeren Reiche. Es brauchte größere Gebiete und sichere Handels- und Transportstrukturen, um regionale Missernten zu kompensieren, und eine Infrastruktur, um den Handel, den Anbau und die Verteilung der Nahrung zu organisieren und um Ernteüberschüsse über längere Zeiträume zu lagern (wofür es damals wiederum vor allem Keramikbehälter brauchte, die man jedoch erstmal produzieren lernen musste) usw.

Wohl setzten die Sesshaftwerdung und die Nahrungsproduktion an Orten an, die dafür günstig waren. Doch zeigt sich real, dass dies zunächst sehr vorübergehend blieb und aus den ersten Vorteilen recht bald vielfältige Probleme erwuchsen, auf jeden Fall durch die Bevölkerungsvermehrung und durch die Konkurrenz um diese Vorteile.

In der Tat kam es zu großartigen Palästen mit Harem und Sklaven, aber das hat auch seine umgekehrte Seite. Ohne Zweifel ist es gut, die positiven Momente der damaligen Entwicklung als Anregung für die Möglichkeit zu Hochkultur aufzunehmen. Doch ist das Verstehen der historischen Prozesse und Zusammenhänge etwas anderes. Mögen wohl einzelne Punkte der gängigen Darstellungen zutreffen, so ergibt sich doch in der Gesamtbetrachtung sowohl bzgl. der zeitgeschichtlichen Gegebenheiten als auch bzgl. der damit verbundenen historischen Entwicklungen ein ganz anderes Bild. Wohl ist es im 3. Reich zum Bau von Autobahnen, zur Entwicklung eines >Volkswagens für jedermann< und zu solch großartigen Erfindungen wie der Raketen-Technologie gekommen, nur kann in solch einer Charakterisierung noch nicht das Eigentliche dieser Ära gesehen werden. Dass die gewaltige Kult-Anlage von Göbekli Tepe von einer Aggressions-Symbolik bestimmt ist, hat schon seine sehr realen Hintergründe, die es endlich in den Blick zu bekommen gälte.

Die gängige Literatur zu Humanevolution und Frühgeschichte ist in wichtigen Punkten von einem geradezu erschreckenden

Unverständnis bzgl. der menschlichen Anlage gezeichnet. In Wirklichkeit ist es von dort her von **vorneherein ausgeschlossen**, die humanevolutionäre Entwicklung (anders als bei den Hominiden) primär von der Werkzeug-Technologie und die historische Entwicklung von der Nahrungsproduktion her zu verstehen. Diese Entwicklungen hat es wohl gegeben, und sie spielten auch eine Rolle, aber sie waren nicht das Primäre und Eigentliche. Dieses Primäre und Eigentliche gerät aber erst gar nicht in den Blick, zumindest nicht adäquat.

Angesichts der menschlichen Anlage kann Geschichte schon grundsätzlich nicht allein von der Technologie und der materiellen Kultur verstanden werden. Es gilt immer, das Verhältnis zu dem >Bewusstsein< zu beachten. Es zeigt sich vielfach in der Geschichte, dass die technologische und die kulturelle Entwicklung keineswegs parallel zueinander verlaufen. Sie können sogar im Gegensatz zueinander stehen, wie insbesondere bei Krieg und Macht. So setze ich auch das Neolithikum etwas später an als inzwischen üblich, weil das, was mit >Neolithikum< verbunden wird, nach all dem, was sich historisch fassen lässt, einen deutlich anderen weltanschaulichen Hintergrund hat als das *nahöstliche* Mesolithikum (s.u.).

Wenn sich in der eiszeitlichen Kultur des Homo sapiens in den verschiedensten Hinsichten >Entwicklungen< zeigen, dann ist es keineswegs adäquat, dies an sich als Pionierstufen der historischen Entwicklung zu sehen. Wohl greift die historische Entwicklung auf eiszeitliche Entwicklungen und Erfahrungen zurück, auch in Bezug auf die Nahrungsproduktion. Doch waren die eiszeitlichen Entwicklungen nicht von der Absicht geprägt, den Gang der historischen Entwicklung zu erreichen. Dies muss entsprechend effektiv unterschieden werden.

Tatsächlich zeigt sich, dass die Tendenzen in die historische Richtung nicht das eigentliche Wollen repräsentieren, was nur vom Können her begrenzt gewesen wäre, sondern dass diese immer mit *besonderen* Schwierigkeiten in Verbindungen standen. Die großen Hausbauten kamen dort auf, wo besondere Probleme in Bezug auf eine Mobilität bestanden. Man hatte in der eisigen

Tundra keine Baumstämme zur Verfügung. Von daher baute man seine Hütten aus Mammutknochen, die jedoch zu schwer für ein freies Herumziehen waren, dass man die Hütten mehr als sonst üblich nutzte. Bis auf besondere günstige Gelegenheiten deuten auch die Ansätze der Nahrungsproduktion auf Engpässe, nicht auf Vorteile.

Es werden in diesen Kontexten weder die soziale noch die kulturelle Dimension zureichend beachtet. Wohl vermochte Homo sapiens bei entsprechender Not ein ganz anderes technisches Potential mobilisieren. Doch was Not-Probleme löste, war nicht in sich mit einer Steigerung an Lebens-Qualität identisch. Was man bei entsprechender Not an Intelligenz und Leistung zu erbringen vermochte, war nicht, was man ohne diese Not gewollt und getan hätte. Vieles ist erst im späteren Nachhinein als Vorteil erkannt worden, wie sich mancher erste Eindruck eines Vorteils bald als Problem erweisen sollte – dies ist insgesamt ein großes Thema der gesamtgeschichtlichen Auseinandersetzung.

In der Zeit vor rund 13.000 Jahren noch einen evolutionären Zustand im früheren Sinn anzusetzen, geht bei den heutigen Daten gänzlich an den Gegebenheiten vorbei. Wir haben es hier nicht mit den Anfängen der Hominiden-Evolution zu tun, wo solche Annahmen passen würden. Dies aber gehört in die Ära vor ca. 2,5 Mio. Jahren. Da haben wir es mit einem geologischen und evolutionären Umbruch zu tun, und von daher bestand hier eine Zeit noch ein starker Bedarf, sein technologisches Potential zu verbessern.

Bei Homo sapiens haben wir es jedoch von vorneherein mit einer bereits lange ausgereiften kulturellen Evolution zu tun. Es bleibt bei den entstandenen Daten anzuerkennen, dass Homo sapiens schon seit über 100.000 Jahren ein eingespieltes biologisch-kulturelles Resultat einer langen vorausgehenden human-evolutionären Entwicklung war. Sicher gab es Situationen, wo ein Bedarf an Optimierungen bestand, aber nicht im Grundsätzlichen.

92

Dies bestätigt sich in dem ganzen ethnologischen Befund:

> „In der Tat berichten Wissenschaftler, die Gelegenheit hatten, einige der letzten primitiven [*ähem*] Völker auf dieser Erde kennen zu lernen, wie zufrieden diese Menschen mit ihrer Lebensweise waren." [56]

> Wo es tatsächlich primitiv war, gab es keine Zufriedenheit. S. dazu etwa auch die menschliche „Bedürfnis-Pyramide" von Maslow.

Sehr wohl bedeutete die Evolution von Kultur die grundsätzliche Befähigung, ganz nach Bedarf sein kulturelles Potential weiterzuentwickeln. Die Weiterentwicklungen zu Hausbauten sind ein Ausdruck dessen, dürften jedoch eher ein Tribut an die Verhältnisse gewesen sein, in die man geraten war und die man bei passender Gelegenheit wieder aufgegeben hat. Die wirklich gewünschten positiven Weiterentwicklungen kommen wohl insbesondere bei den ganzen Unternehmungen und Malereien in den eiszeitlichen Höhlen zum Ausdruck.

Wäre das, was an historischer Entwicklung aufkam, eine gewünschte und beabsichtigte – graduelle – Weiterentwicklung gewesen, wäre dies vor allem in Hinsicht auf seine soziale Organisation mit gänzlich anderen Formen verbunden gewesen.

Auch an diesem Punkt zeigt sich wieder einmal, dass hier bislang der fundamentale Unterschied zwischen den Hominiden und dem Menschen (d.h. Homo sapiens) nicht wirklich erfasst wird.

Das Sozialleben des Menschen kann nicht in der Art gedacht werden, in einer festen Selbstverständlichkeit in beliebigen sozialen Größen wie etwa die Bison- und Rentier-Herden zusammenzuleben, nur mit einer anderen praktischen Intelligenz. Diese Selbstverständlichkeit des Soziallebens der Tier-Arten basiert auf ihrer genetischen Verhaltens-Anlage.

---

[56] John McCrone: Als der Affe sprechen lernte, S. 214

Ein ähnlicher Zustand samt der entsprechenden praktischen Intelligenz bestand wohl bei den Hominiden, nur dass auch hier nicht anzunehmen ist, dass sie zu zahlenmäßig größeren Verbänden fähig gewesen wären. Gerade die höhere Großhirn-Intelligenz ist mit recht kleinen überschaubaren Sozialkontext verbunden. Dies gilt bereits für die Menschenaffen.

Dies gilt jedoch noch ganz anders bei uns Homo sapiens, da unser Sozialleben nicht auf der Basis einer festen Selbstverständlichkeit: auf der genetischen Verhaltenssteuerung basiert, sondern im Entscheidenden in einer gemeinschaftlichen Kommunikation koordinierten Selbststeuerung der Individuen.

Sehr wohl lässt sich auf diesen Grundlagen auch der Aufbau größerer sozialer organisatorischer Formen vorstellen. Es ist hier auch im Mittleren Mesolithikum zu einer überaus bemerkenswerten Konzeption gekommen, die auch die praktische Grundlage der historischen Entwicklung gestellt hat. Doch hatte dies sehr bestimmte Voraussetzungen, und diese Konzeption hat auch nicht lange funktioniert.

Schon eine dauerhafte Existenz auf der Basis einer gemeinschaftlichen Kommunikation, wie dies bei Homo sapiens der Fall war, lässt sich mitnichten als >irgendein< Sozialleben auf der Basis eines rein spontanen Redens verstehen. Auf dieser Grundlage lässt sich nicht einmal (sinnvoll) ein heutiges Ein-Familien-Haus bauen. Es braucht dafür eine effektiv gemeinschaftlich geklärte und institutionalisierte kulturarchitektonische Konzeption und Verfassung als dem Referenzbezug der gemeinschaftlichen Kommunikation. Es hat entsprechend in der humanevolutionären Entwicklung einige Zeit gedauert, bis sich dies als >Kultur< bis hin zu unserer genetisch kulturalen Anlage eingespielt hatte.

Je weiter sozial feste Strukturen über das humanevolutionär entwickelte Sozialleben hinausgehen, desto ausgeprägter muss eine entsprechende kulturarchitektonische Struktur ausgearbeitet, gemeinschaftlich verabredet und basisdemokratisch verankert sein. Dies wäre der Weg gewesen, den eine effektive kulturelle Weiterentwicklung genommen hätte.

Dies aber stellt sich jenseits einiger Ansätze und Bemühungen in den Entwicklungen am Ende der Eiszeit insgesamt nicht dar, und daraus folgten auch unweigerlich die ganzen sozialen Probleme, die sich dort aufgrund dessen zeigen.

Auf die Humanevolution können diese Probleme gerade nicht zurückgeführt werden. Diese verknüpft sich ganz im Gegenteil damit, genau diese Probleme gelöst zu bekommen, an denen eben die Hominiden dem gegenseitigen Selbstruin bis insgesamt zu ihrem Aussterben verfielen.

Unter entsprechenden akuteren Notstandsproblemen kann unsere Art Homo sapiens wohl eine soziale Anballung in der Größe von etwa 200 Personen verdauen. Doch als problemlos kann eine solche soziale Größe im archäologischen Befund nicht betrachtet werden – schon gar nicht, wenn sich Anzeichen von autoritären Strukturen und sozialen Hierarchien bieten.

Auch wenn dies mit neuen Technologien verbunden ist, kann dies allein von dort her auf jeden Fall insgesamt nicht einfach und direkt als Ausdruck von Fortschritt gedeutet werden. Für eine übergreifende historische Einschätzung bedarf es dabei einer noch ganz anderen historiologischen Auseinandersetzung.

Aggressions-Symbolik:

Ausschnitt von einem späten
Pfeiler in Göbekli Tepe
(s. dazu S. 153)

3.3 Zu dem Beginn der historischen Entwicklung

Die ältere Vorstellung, dass sich die neuartigen Entwicklungen ab dem Ende der Eiszeit als Umschlag von der biologischen Evolution in die kulturelle Evolution erklärt, hat sich schon länger als unhaltbar erwiesen, doch ebenso auch die neuere, dass sie sich als eine graduelle und organische Weiterentwicklung aufgrund zunehmender Erfahrungen.

Dies wird noch eingehender gezeigt, wenn im Folgenden auf die Ursachen, die neuartigen Grundlagen und den Verlauf des historischen Prozesses eingegangen wird.

Es muss also von einem sehr bestimmten Beginn und von sehr bestimmten Ursachen und Grundlagen der historischen Entwicklung gesprochen werden.

Da dies alles bis heute immer noch gültig ist und auch direkte Auswirkungen auf uns hat, hat dies auch Konsequenzen in Bezug auf den Begriff >Geschichte<.

Wenn wir die aus dieser am Ende der Eiszeit aufgekommenen historischen Entwicklung entstandenen Probleme gelöst und aufgearbeitet bekommen wollen, muss dieser Prozess auch in dieser speziellen Form eindeutig bezeichnet werden. Wir brauchen hier ein klares Geschichts-Modell, das diesen historischen Prozess so adäquat nachvollzieht, wie es möglich ist, und dafür sind auch exakte Begriffe und Begriffs-Definitionen unabdingbar.

Eine grafische Veranschaulichung der **Prozessdynamiken**

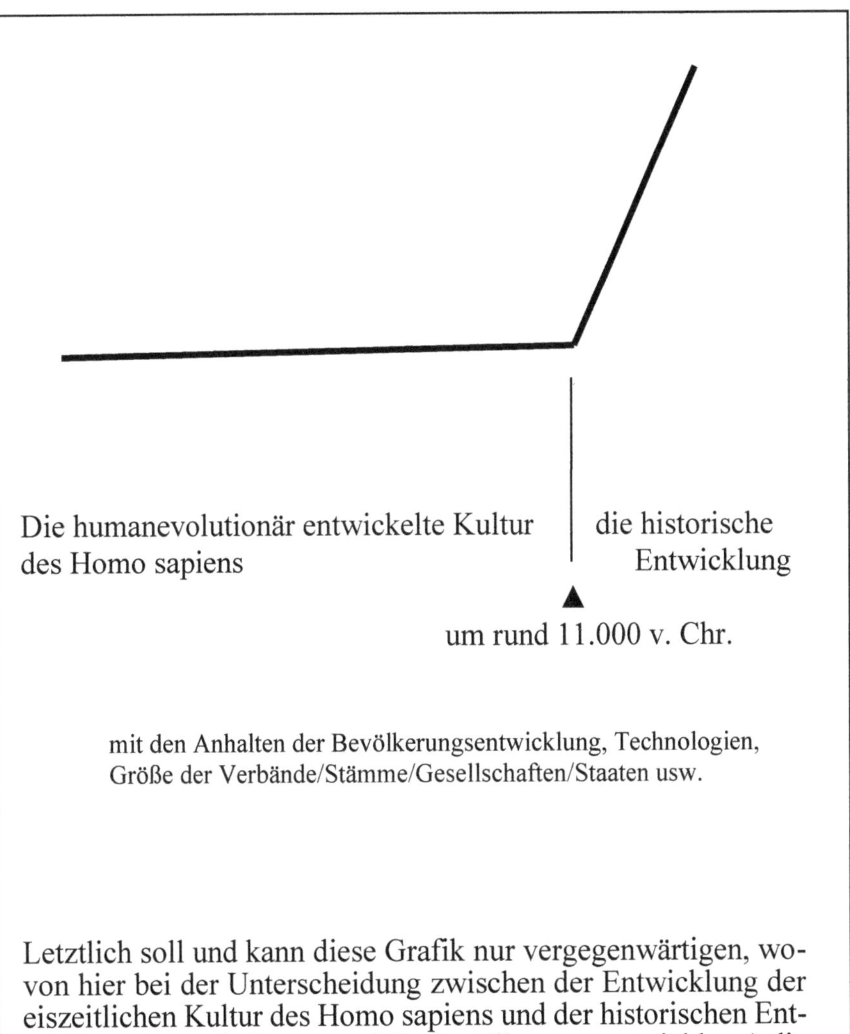

Letztlich soll und kann diese Grafik nur vergegenwärtigen, wovon hier bei der Unterscheidung zwischen der Entwicklung der
eiszeitlichen Kultur des Homo sapiens und der historischen Entwicklung (etwa in Bezug auf die Bevölkerungsentwicklung) die
Rede ist. Es geht hier lediglich um diese Unterscheidung an sich,
nicht aber, wie noch gezeigt wird, in dieser Form um eine *Be-
wertung*. Mit bloßem Fortschritt, wie man dies früher gedacht
hat, kann dies auf jeden Fall nicht identifiziert werden.

Zur Entwicklung der menschlichen Bevölkerungszahl

8000 v. Chr.	10 Mio. Menschen	
0	300 Mio	
1000 n. Chr.	410 Mio	
1650 n. Chr.	545 Mio	
1750 n. Chr.	728 Mio	
1800 n. Chr.	906 Mio	
1850 n. Chr.	1.171 Mio	
1900 n. Chr.	1.608 Mio	
1950 n. Chr.	2.493 Mio	
1960 n. Chr.	2.984 Mio	
1965 n. Chr.	3.308 Mio	
1970 n. Chr.	3.500 Mio	
1975 n. Chr.	3.890 Mio	[57]

2016/17		7.470 Mio.	(Jahreswechsel)
Nov. 2022	über	8 Milliarden	*

„Die UNO rechnete für den Zeitraum 2015 bis 2020 mit einem Bevölkerungswachstum von rund 78 Mio. Menschen pro Jahr."
(* nach) Wikipedia: *Weltbevölkerung* (17.01.23, 23:10)

> „>Naturschutz< und >natürlich leben< sind heikle Begriffe: Wir müssen ja entweder behaupten, es gebe 4,99 Milliarden Menschen [inzwischen über 8 Milliarden] zu viel auf der Welt, oder uns klarmachen, dass die >Natur<, die viele meinen, in Wahrheit vor 8.000 Jahren gestorben ist." [58]

---

[57] nach: Leakey & Lewin: Wie der Mensch zum Menschen wurde, S. 140
[58] Wolf Schneider: Wir Neandertaler, S. 179 f.

Natürlich gibt es auch bei den stärksten Umbrüchen, sofern sie erfolgreich sind, immer auch Momente >**fließender Übergänge**<, die man auch in der hier beigefügten Grafik sehen kann. Auch diese Aspekte können von Bedeutung sein, dürfen aber nicht dazu verführen, die für *unser* Denken und Verstehen entscheidenden **kategorialen Unterschiede** zu übersehen.

Der >Beginn von Geschichte< ist und kann nichts Absolutes sein, und er kann hier auch nicht an einem einzelnen *Punkt* mit einem bestimmten Einzelereignis an einem bestimmten Ort an einem bestimmten Tag festgemacht werden, und dies nicht nur, weil uns dies bislang noch nicht bekannt ist. Das entscheidende Ergebnis, das den historischen Prozess erbrachte, resultierte erst aus einer Reihe von Momenten, die sich letztlich sogar über eine ganze Ära (vom Paläolithikum bis zum Neolithikum) hinzogen (s.u.). Dennoch lassen sich hierbei m.E. sehr bestimmte Gegebenheiten ausmachen, die ich in dem folgenden Modell vorstellen möchte.

Auch wenn es sich nicht ändern lässt, dass das Wort *Geschichte* in unterschiedlicher Weise gebraucht wird, so ist es doch geschichtswissenschaftlich in dieser sehr bestimmten Weise zu verwenden. Der Begriff *Geschichte* ist auf den völlig neuartigen Prozess zu beziehen, der menschheitsgeschichtlich am Ende der Eiszeit vor ca. 13.000 Jahren im Nahen Osten begonnen hat.

Ich persönlich kann es akzeptieren, diesen Begriff >Geschichte< in Anlehnung an die bisherigen Gepflogenheiten in >Frühgeschichte< und >Geschichte< zu unterteilen, obwohl ich diese doppelte Bedeutung von >Geschichte< unglücklich finde. Damit transportieren sich auch überholte Vorstellungen wie auch problematische Ideologien.

3.4 Der Auslöser des historischen Prozesses

Es sollte sich auf die Dauer meiner diesbezüglichen Forschungen darstellen, dass als die einzige Erklärung für die Entstehung der historischen Entwicklung die gigantischen Naturkatastrophen am Ende der Eiszeit in Betracht kommen. Dies gilt gerade auch für den Nahen Osten.

Es ist erstaunlich, dass, obwohl diese Thematik schon lange bekannt ist, dies in den historischen Modellen noch keine entsprechende Wahrnehmung gefunden hat. Dies hat auch mit den falschen früheren Vorstellungen vom Ende der Eiszeit zu tun. So erklärte man sich die neuen historischen Entwicklungen im Nahen Osten damit, dass die dortigen Verhältnisse nach dem Ende der Eiszeit besonders vorteilhaft gewesen seien, dass ein regelrecht „fruchtbarer Halbmond" entstanden sei. Tatsächlich aber kam es dort zu solch drastischen Ernährungsproblemen wie sonst nirgends auf der Welt (s.u.).

Zunächst ist hier insgesamt festzustellen:

„Dieser grundlegende Klimawechsel, der für viele Pflanzenfresser das Aussterben bedeutete, betraf auch den Menschen." [59]

„Die letzten 5.000 Jahre der Eiszeit waren eine Periode von Klimaveränderungen geradezu apokalyptischen Ausmaßes, die alles übertrafen, was uns heute bekannt ist." [60]

---

[59] W. von Koenigswald & J. Hahn: Jagdtiere und Jäger der Eiszeit, S. 92 f.
[60] Brian Fagan: Die Eiszeit – Leben und Überleben im letzten großen Klimawandel, S. 131

Die Eiszeit vor ca. 20.000 Jahren: *gepunktet Eis-Vergletscherung;* **dunkel ohne Punkte**: *Land, das mit dem Anstieg des Meeresspiegels am >Ende der Eiszeit<* **unterging**. *Das Kaspische und das Schwarze Meer (ganz dunkel) bildeten einen Süßwasser-See. Grobskizze nach verschiedenen Angaben*

Zu diesen gravierenden Naturkatastrophen am Ende der Eiszeit gehört unter anderen auch die >Sintflut< („die große Flut"), von denen viele Kulturen der Welt berichten. Wohl scheinen, wie es ihre Erklärungen nahelegen, bestimmte Formen der Sintflut-Mythologie im Kontext der neolithischen Priester/innen-Herrschaft verbreitet bzw. überformt worden zu sein. Doch manche Sintflut-Geschichten dürften authentische Erlebnisse enthalten, wie etwa bei den Aborigines. Der ungeheure Anstieg des Meeresspiegels um ca. 120 m infolge des Abtauens der eiszeitlichen Gletschermassen ließ gewaltige Gebiete im Meer untergehen, so auch „die Hälfte Westeuropas". [61]   Auch der Nahe Osten war beträchtlich von dem Anstieg des Meeresspiegels betroffen (Entstehung des Persischen Golfs usw.).

Ganz im Gegensatz zu den früheren Vorstellungen wurde **vor allem** auch der Nahe Osten von den **Problemen** des geologischen Umbruchs vom Pleistozän auf das Holozän betroffen, auch wenn hier im Einzelnen noch viele Unklarheiten über diese Vorgänge bestehen. Vielleicht entstand die eigentliche Problematik daraus, dass es in dieser Ära (ähnlich wie am Ende eines Winters) zu gravierenden Klima*kapriolen* kam.

Wohl gibt im Nahen Osten etliche gerade idyllische Naturverhältnisse, doch sind sie im Verhältnis zu den dortigen Hochgebirgen und den dortigen und umliegenden Wüsten überaus klein. Auf jeden Fall erklärt es sich weder durch besonders fruchtbare Verhältnisse (eines vermeintlich „Fruchtbaren Halbmondes") noch durch eine damalige Optimierung, dass der Nahe Osten damals von Notstands- und von Ernährungsproblemen wie sonst nirgends auf der Welt gezeichnet ist:

„In den Skeletten finden sich Indizien für Minderversorgung, womöglich durch Vitamin- und Eiweißmangel oder schlichten Hunger. Und die Menschen schrumpften. >Wir sehen eine drastische Reduktion der Körpergröße<, sagt der Paläoanthropologe Jean-Jacques Hubling vom Leipziger Max-Planck-Institut für evolutionäre Anthropologie. >In der Übergangsphase waren die Leute schlecht ernährt.<" [62]

„In den Anfangszeiten der Landwirtschaft im Nahen Osten sank die Durchschnittsgröße der Menschen um fünfzehn Zentimeter." [63]   (- satte 15 cm!)

---

[61] David Hurst Thomas, in: Göran Burenhult: Illustrierte Geschichte der Menschheit II, S. 11. Dies betrifft vor allem den Raum der heutigen Nordsee

[62] Ulrich Bahnsen, in: Die *Zeit* Nr. 30, 20. Juli 2006, S. 25 f.

[63] Bill Bryson: Eine kurze Geschichte der alltäglichen Dinge, S. 57

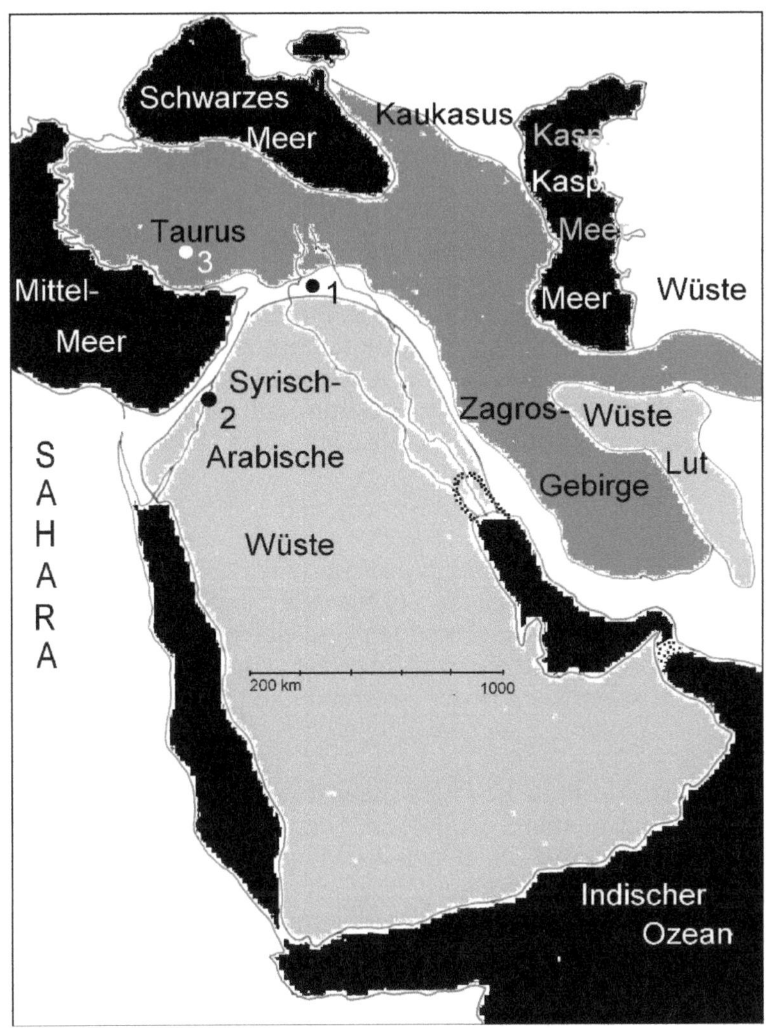

Hellgrau Wüste; Dunkelgrau Gebirge + Höhe ab 1000 m

1) Göbekli Tepe; **2)** Jericho; **3)** Çatal Höyük

Der meist übertrieben ausgemalte „**fruchtbare Halbmond**" ist lediglich ein recht schmaler Übergang zwischen **Wüste** und **Gebirgen** oder ein Küstenstreifen.

Es spricht im Ernst nicht viel dafür, dass man all diese Probleme der dauerhaften Sesshaftigkeit und dann auch der Nahrungsproduktion auf sich genommen hätte, wenn nicht eine entsprechend große Not dahinter gestanden hätte. Entsprechend ist man inzwischen auch verbreitet zu dieser Einschätzung gekommen:

> „Andererseits wissen wir, dass es sich [*bei dem Schritt zur Nahrungsproduktion*] um eine vom Klima ausgehende, von vielen Zufällen gelenkte, ungewollte Entwicklung handelt, in die der damalige Mensch wohl unwissend >hineinrutschte<. Pflanzenbau bedeutet keineswegs eine Erleichterung des Lebens, denn der Jäger und die Sammlerin kannten wesentlich sicherere und vielfältigere Strategien der Nahrungsbeschaffung." [64]

> „Der Übergang vom Jäger und Sammler zum Bauern war eines der gravierendsten Ereignisse der Menschheitsgeschichte. Die meisten Experten sind sich heute darüber einig, dass der Anstoß zu diesem Übergang weniger vom Verlangen der Menschen als von der Notwendigkeit diktiert wurde." [65]

> „Niemand konnte die landwirtschaftliche Revolution vorhersehen und niemand wollte sie. Eine Abfolge winziger Entscheidungen, mit denen sich die Menschen den Magen füllen und ein bisschen Sicherheit gewinnen wollten, summierte sich so lange, bis die alten Wildbeuter unter sengender Sonne Wassereimer schleppten." (Harari: 115)

---

[64] C. Strahm, in: Die ZEIT Welt- und Kulturgeschichte, Band 1, S. 124 f.
[65] Noel D. Broadbent u.a., in: Göran Burenhult: Illustrierte Geschichte der Menschheit II, S. 187

104

Spanische Levante (Nachzeichnung nach Anati: S. 295)

*Das neue Motiv von Jagdszenen, da in Süd- und Mitteleuropa nach dem Ende
der Eiszeit der Jagderfolg keine Selbstverständlichkeit mehr war.*

Auch bei uns, wo die frühere Vorstellung von der Eiszeit als
Winterverhältnisse einigermaßen hinkommt, bedeutete das Ende
der Eiszeit für die damaligen Kulturen keineswegs einen Vorteil,
sondern angesichts der Verwaldung und der anderen Tier-Be-
stände usw. verbreitet eine Schwierigkeit.

„Da Einzelwild wie Hirsch und Elche jedoch erheblich schwieriger [*als
die Herdentiere wie Ren und Pferd*] zu erlegen war, brauchte man neue
Jagdwaffen, um erfolgreich zu sein. Als Folge setzten sich Pfeil und Bogen als Jagdwaffen nun in fast allen Teilen Mitteleuropas durch [...].“ [66]

Insgesamt:

„Die biblische >Vertreibung aus dem Paradies< wird zu einer
sehr wirklichkeitsnahen Umschreibung der Vorgänge. Mit
dem Ende der Eiszeit begann die >schlechte Zeit< für den
Menschen [...].“ [67]

---

[66] Hermann Parzinger: Die Kinder des Prometheus, S. 226)
[67] Josef H. Reichholf: Das Rätsel der Menschwerdung, S. 11

3.5 Die Mesolithische Revolution

Natürlich begründeten die gigantischen Naturkatastrophen am Ende der Eiszeit die historische Entwicklung nicht selbst. Die Naturkatastrophen waren lediglich der Auslöser.

Doch dass die Naturkatastrophen nicht eine bloße Katastrophe blieben und dass die Lösungsbemühungen in dieser Katastrophe sogar die Entwicklung des historischen Fortschritts begründete, das war das – alles andere als selbstverständliche – Produkt der Mesolithischen Revolution im Nahen Osten.

Diese Mesolithische Revolution steht nicht mit dem Schritt zur Nahrungsproduktion in Verbindung. Die – zumindest historisch relevante – Nahrungsproduktion kam erst deutlich später auf, und zwar aufgrund der von der Mesolithischen Revolution begründeten Entwicklungen, die ein Anwachsen der Bevölkerung und eine höhere Bevölkerungsdichte zur Folge hatten. Dass dieser Schritt zur Nahrungsproduktion nicht am Anfang dieser Entwicklung stand und stehen konnte, sondern vielmehr eine – deutlich spätere – Folge der Mesolithischen Revolution war, dürfte angesichts der sich darstellenden frühgeschichtlichen Entwicklungen noch deutlich werden.

Dass es, zumal in dem Kontext großer Naturkatastrophen, zu dem Beginn der ganzen bisherigen historischen Entwicklung kam, versteht sich auf keinen Fall aus sich selbst heraus. Dies war nicht einmal wahrscheinlich, und tatsächlich kamen auch erst eine Reihe an Punkten dazu, die diese Entwicklung erbrachten. Der Schritt zur Nahrungsproduktion kann diese Entwicklung nicht erklären. Dazu hätte all das zutreffen müssen, was man früher einmal aus genau diesen Gründen an Vorstellungen dazu entwickelt hat: der unmittelbare Zusammenhang mit dem humanevolutionären Prozess, die „Eiszeit" als allgemeiner Winter, eine zuvor allgemeine Ernährungsproblematik, die unmittelbarer durch die Nahrungsproduktion gelöst worden wäre. Doch all dies hat sich als falsch erwiesen. Damit stellt sich auch die Frage nach der historischen Entwicklung neu.

Wäre es hier nicht zu der Mesolithischen Revolution gekommen, hätten die Naturkatastrophen nur einige Probleme geschaffen. Wäre ohne die Mesolithische Revolution im Nahen Osten eine Lösung dieser Probleme entstanden, wäre man wie in früheren Krisen und damals in anderen Gegenden der Welt damit schlichtweg zu der humanevolutionär entwickelten Kultur zurückgekehrt. Dass es dafür gute Gründe gab, wird vielleicht noch verständlich. Doch zu der entstandenen historischen Entwicklung wäre es hierbei nicht gekommen.

Ansonsten hätten diese Naturkatastrophen im Nahen Osten dauerhafte Krisenprobleme hinterlassen, wie es, sieht man von der Phase der Mesolithischen Revolution und der von ihr begründeten Organisation ab, im Nahen Osten tatsächlich auch der Fall war, auch mit kriegerischen Disflikten bis heute.

Dass es in diesem Notstands- und Krisenproblem zu Entwicklungen kam, die nicht bloß für den Nahen Osten Lösungen erbrachte, sondern auch die historische Entwicklung begründete, erklärt sich – soweit ich bislang sehe - ausschließlich durch die Mesolithische Revolution.

Der Begriff der >Mesolithischen Revolution< ergibt sich aus der Neufassung der ursprünglichen Konzeption der >Neolithischen Revolution<. Es wurde deutlich, dass es sich bei dem früher als Einheit gesehenen >revolutionären Umbruch< um zwei verschiedene Umbrüche handelte. Dieser eine Umbruch lag eine eigene Ära früher und stand noch nicht mit der Nahrungsproduktion in Verbindung. Daraus ergab sich der Begriff der >Mesolithischen Revolution<.

Der Begriff der Mesolithischen Revolution übernimmt den einen Teil der früheren Konzeption der Neolithischen Revolution, nämlich in Hinsicht auf die Begründung der historischen Entwicklung. Hier trifft auch der Zusammenhang mit den gewaltigen geologischen Umwälzungen zu. Auch wenn diese Naturumbrüche in manchen Gegenden tatsächlich erst später Probleme schufen, lag ihr Aufkommen auf der Weltebene früher.

Genau dieser >revolutionäre Umbruch<, der den Begriff der Neolithischen Revolution ergeben hatte, trifft in erster Linie für die Mesolithische Revolution zu. Hierbei ist dieser Begriff ebenso wie Neolithische Revolution in Entsprechung zu dem Begriff der Industriellen Revolution gemeint.

Die Mesolithische Revolution ist das bedeutendste Ereignis der der menschlichen Geschichte. Denn es war die Mesolithische Revolution, die am Ende der Eiszeit im Nahen Osten den grundlegenden Umschlag von der humanevolutionär entwickelten Kultur des Homo sapiens in den Prozess der historischen Entwicklung bewirkte. Wenn je in der Geschichte der Menschheit etwas (im Sinne von >Industrieller Revolution<) als >Revolution< bezeichnet werden kann oder muss, dann ist es diese Mesolithische Revolution. Die Neolithische Revolution, die Metallene Revolution (Kupfer-, Bronzezeit) und die Industrielle Revolution markieren demgegenüber lediglich neue sekundäre – aber durchaus eigene entscheidende – Sprünge in dieser von der Mesolithischen Revolution begründeten historischen Entwicklung mit ihrem Abgang von der humanevolutionär entwickelten Kultur. Sie bedeutete eine fundamentale Umwälzung der menschlichen Gegebenheiten.

Offenbar kam es im Nahen Osten zu einer dramatisch werdenden Zuspitzung. Kurz bevor ansonsten zum Kollaps gekommen wäre, kam es in Form der Mesolithischen Revolution zur Begründung >revolutionär< neuartiger Sozialtechniken, die die kollabierende Dynamik in die Progression der historischen Entwicklung zu wenden vermochte.

In **3 entscheidenden Punkten**, die in einem direkten Zusammenhang stehen, schuf die Mesolithische Revolution die Grundlagen der historischen Entwicklung, die bis heute immer noch gültig und wirksam sind:

1.) eine neuartige institutionelle **Sozial-Organisation** mit völlig neuen sozialen Größenordnungen, was auch der eigentliche Grund für die historische Entwicklung war;

2.) eine völlig **neuartige Sprach-Anlage** auf der Basis von Vokabular und Grammatik, wie es uns bekannt ist. Dies geht in dieser Form nicht von der eiszeitlichen Sprache aus. Erst auf dieser neuartigen Basis wurde überhaupt die neue Sozialorganisation mit ihrer neuen Kultur- und Realitätsauffassung möglich;

3.) eine in einer völlig neuartigen **Mythologie** begründeten Auffassung von Realität und Kultur, die der neuen Sozial-Organisation erst ihre Handlungsbasis gab und im gesellschaftlichen Empfinden verankerte. Dies galt etwa für die mit dieser Organisation verbundenen neuen Gesetze und die Legitimation der Autorität der Führung dieser Sozial-Organisation bzgl. ihrer Entscheidungs-Befugnisse, ihrer Gesetze und Rechtsprechung usw.

Die beträchtliche Megalith-Anlage von Göbekli Tepe (Türkei – Grenze Syrien), mit deren Bau um 9.600 v. Chr. begonnen wurde, ist schon eine weiterentwickelte Stufe dieses Ansatzes. Hier war bereits eine Größenordnung erreicht, der schon *einige* Ereignisse und Schritte vorausgingen.

Eine exakte Datierung und Verortung des Ursprungs der Mesolithischen Revolution ist jedoch bislang keine Möglichkeit. Von Göbekli Tepe her, das als ihre Fortsetzung zu sehen ist, ist sie auf jeden Fall auf den Nahen Osten sowie spätestens im 11. Jahrtausend v. Chr. anzusetzen. Im kleinen Maßstab könnte sie bei einem Ausgang mit etwa 200 Personen auch schon vor 11.000 v. Chr. entstanden sein.

Der Ansatz des Alters auf vor >13.000 Jahren< ist hier eine grobe und gemittelte Einschätzung angesichts der in Betracht kommenden Zusammenhänge.

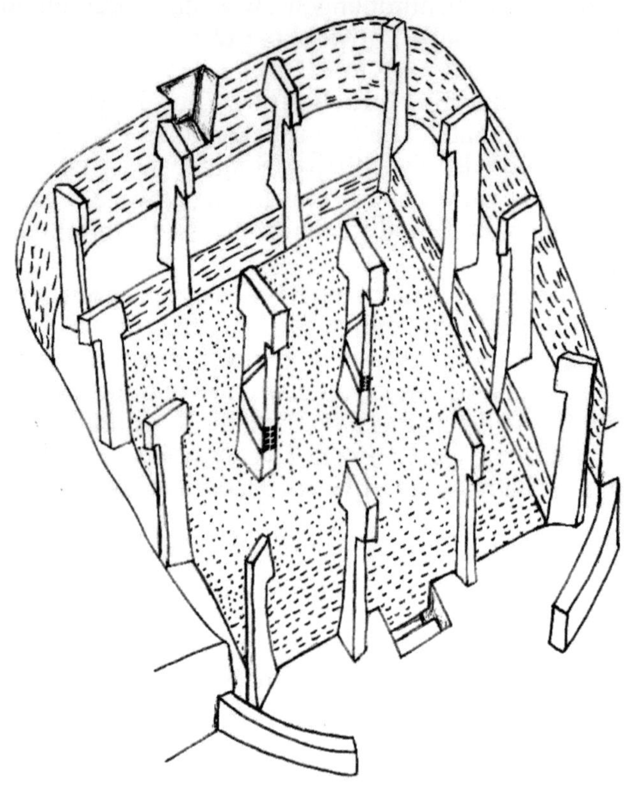

Dieses ca. 11.000 Jahre alte Gebäude von *Nevalı Çori* aus der Zeit und Gegend von Göbekli Tepe (s. S. 151 ff.) bietet eine Idee in Bezug auf die ähnlichen Kult-Bauten auf dem Göbekli Tepe.
Nachzeichnung nach: Klaus Schmidt: Sie bauten die ersten Tempel, S. 75

3.5.1 Die neue Sozialorganisation

„Im Grunde dreht sich die Geschichte nach der landwirtschaftlichen [*mesolithischen*] Revolution um eine einzige Frage: Wie organisierten die Menschen ihr Zusammenleben in großen Gruppen, obwohl ihnen jeglicher biologischer Instinkt dazu abging?"   (Harari: 168)

„Die neurophysiologische Ausrichtung auf eine soziale Einheit von der Größe einer Jäger-Sammler-Gruppe – in der Regel kaum mehr als 40 Personen – war über lange Zeiträume tief verankert und erlaubte es, frühen Menschengruppen, wie auch noch heutigen Stämmen auf gleicher Stufe, in Harmonie mit der Natur und miteinander zu leben. […]. Aber die steigende Population von Ackerbau treibenden Gemeinschaften überschritt die Toleranzgrenze der biologischen Mechanismen, die den Ablauf sozialer Interaktion steuerten." [68]

„Bereits seit dem PPNA [= *ab ca. 9.500 v. Chr.*] trifft man auf strukturierte Gemeinschaften von [*mesolithischen*] Jägern und Sammlern, die in der Lage sind, zweigeschossige Bauten nach einem vorgegebenen Plan zu errichten, und bemüht sind, ihre symbolischen Vorstellungen und ihre Visionen der Welt in erstklassigen Kunstwerken auszudrücken. Dies setzt eine komplexe soziale Organisation voraus, deren Einzelheiten wir nicht kennen, über die aber die vorangehenden epipaläolithischen Gruppen offenbar nicht verfügten." [69]

---

[68] A. David. Jonas, in: Richard Fester: Weib und Macht, S. 216 f.
[69] Olivier Aurenche, in: Badisches Landesmuseum Karlsruhe: Die ältesten Monumente der Menschheit, S. 64

Schon von der menschlichen Anlage her hätte sich bei den am Ende der Eiszeit aufkommenden neuen Entwicklung in der historischen Forschung die Frage nach ihrer sozialen Organisation stellen müssen.

Zumindest muss heute von den Einsichten in die menschliche Verhaltens-Anlage her klar sein, dass man sich den Entwicklungsprozess nicht in der Form vorstellen kann, dass hier aufgrund günstiger Ernährungsverhältnisse größere menschliche „Herden" entstanden, bevor sich die Frage nach ihrer Organisation stellte. Dieses Modell scheidet von vorneherein aus.

Bei plötzlich ungünstig werdenden Versorgungsverhältnissen liegt dies anders, aber auch dort erweist sich über das erste Moment die Frage nach der Organisation von Bedeutung. Die Klärung der Organisation entscheidet darüber, ob und in welchem Ausmaß es zu Kämpfen um Ressourcen bzw. zu Machtkämpfen in der Organisation kommt.

Schon von hier aus bieten sich von der Größe der Orte her Anhalte bzgl. der Entwicklungen der Organisation, und schon von hier aus ergibt sich, dass die organisatorische Ebene das entscheidende Moment in Bezug auf die historische Entwicklung war. Ohne die neuen organisatorischen Größenordnungen wäre es nicht zu der historischen Entwicklung gekommen.

Darin lag auch der entscheidende Unterschied zur pleistozänen Kultur des Homo sapiens. Auch dort hatte es hier und dort günstige Ernährungsbedingungen gegeben. Doch gerade dies war kein Grund, eine mit Zwängen verbundene Sozial-Organisation aufzubauen, und auch nicht, auf das damals wohl (nach der Liebe) größte Abenteuer seiner Wanderungszüge durch die Welt zu verzichten. Wie heute bei solchen Abenteuer-Touren nahm man auch damals Risiken und vorübergehende Nachteile in Kauf. Auch Versorgungsprobleme führten in der Eiszeit nicht zu dauerhaften auf Kommando basierenden organisatorischen Formen. Wo sich die erste beste Gelegenheit bot, ging man in überschaubaren Verbänden, in denen eine gemeinschaftliche Kommunikation möglich war, wieder eigene Wege. Es bleibt zu beachten, dass die Entwicklung der gemeinschaftlichen Kommunikation der zentrale Sachverhalt der humanevolutionären Entwicklung war, denn allein darin lag die Lösung der sozialen Problematik der vorausgehenden Hominiden.

Es waren diese geringen sozialen Größen, warum sich die Entwicklungen der pleistozänen Kultur in engen Grenzen hielt. Es fehlte nicht an Intelligenz und menschlicher Erfahrung, sondern an der sozialen Größenordnung, um >historische< Effekte zu erreichen.

Dies gilt auch in Bezug auf die Nahrungsproduktion. Selbst wenn ein paar Orte sogar mit mehreren Hundert Einwohnern aufgrund besonders günstiger Verhältnisse eine Existenz auf der Basis von Nahrungsproduktion erreicht hätten, wäre daraus niemals ein historischer Effekt entstanden. Es ist durchaus möglich, dass es im Nahen Osten tatsächlich schon in einer Frühphase dazu kam (wie mehrfach vermutet wird), doch konnten diese Orte auch für sich selbst keinen dauerhaften Zustand erreichen. Es musste sich nur für kurze Zeit das Klima ändern; es musste nur eine Krankheit aufkommen. Es mussten nur einige kommen, die in Not geraten waren. Die frühere Entwicklung in Papua-Neuguinea zeigt, dass in Hinsicht auf eine >historische< Entwicklung nicht die Nahrungsproduktion, sondern die Sozial-Organisation der entscheidende Faktor war.

Dass es bei einer vergleichbaren Ausgangslage im Nahen Osten zu einer ganz anderen Entwicklung kam, erklärt sich durch die dortige Sozialorganisation – die sich allein durch die Mesolithischen Revolution erklärt.

Und wie immer es sich mit einigen etwaigen Ansätzen zu einer Nahrungsproduktion auch verhält, so ging diese Mesolithische Revolution zumindest der historisch wirksamen Nahrungsproduktion deutlich voraus. Auch wenn diese Organisation erst mit Göbekli Tepe sicher fassbar wird, so ist von der Größenordnung dieser Megalith-Anlage klar, dass dort nicht der erste Anfang lag. Dort findet sich bereits eine Meta-Stufe im Zusammenschluss vorausgehender Organisationen.

Die erste Form dieser neuen Sozial-Organisation ist im Deutschen unter der Bezeichnung >Stamm< bekannt. Es handelt sich hierbei um einen institutionalisierten Zusammenschluss aus mehreren ursprünglich selbständigen >Verbänden< mit jeweils etwa ein bis zwei Dutzend Erwachsenen, wie dies bis dahin im Durchschnitt der Fall war.

Es ist an dieser Stelle ein Sprach-Problem zu beachten. Denn etwa englisch *tribe* beinhaltet nicht exakt die gleiche Bedeutung wie deutsch *Stamm,* und daraus können Missverständnisse entstehen. Auch sollte der Begriff *Stamm* nicht falsch verallgemeinert werden, kommt es darauf an, in welcher Weise seine *Organisation* angelegt ist.

Der entscheidende Punkt, um den es hier unter dem Stichwort >Stamm< bei der Mesolithischen Revolution geht, ist, dass er eine notwendig gewordene soziale Größenordnung schuf, die auf der Basis der Selbstorganisation und gemeinschaftlicher Kommunikation nicht möglich gewesen war.

Dies erklärt sich ausschließlich aus entsprechenden Notstandsproblemen. Den weiteren Anhalten nach, die sich etwa im Kontext von Sprache zeigen (s.u.), müssen diese Notstandsprobleme ein schon recht hochgradiges Ausmaß erreicht haben. Es handelte sich also nicht um den Beginn dieser Probleme, sondern um eine Situation, die bereits direkt vor dem Kollaps stand. Dies machte auch erst den Erfolg der Mesolithischen Revolution möglich. Sie war die einzige Alternative zum Chaos.

Doch das entscheidende Moment, die diese Organisation der Mesolithischen Revolution erst zu einem historischen Faktor, ja dem Beginn der historischen Entwicklung werden ließ, war, dass sie in den entstandenen Problemen eine organisatorische Konzeption entwickelte, die zu einem regelrechten Prototyp wurde und sich entsprechend verbreitete.

Dies war u.a., wie unter dem nächsten Punkt ausgeführt wird, mit einer vollständig neuen Sprach-Konzeption verbunden. Für die Sozial-Organisation der Mesolithischen Revolution war eine neue Sprach-Konzeption notwendig (s.u.), und umgekehrt war es in Verbindung mit der neuen Sozial-Organisation diese neue Sprach-Konzeption, die in diesem Ausmaß zur Verbreitung dieses Neu-Ansatzes und ihrer historischen Dynamik bis heute führte. Warum auch die neue Sprach-Konzeption von einer solch tiefgreifenden Konsequenz war, wird im Folgenden gezeigt.

Das Ausmaß der damaligen Notstandsprobleme im Nahen Osten kann nicht sehr gering gelegen haben. Dies war die erste Prämisse für den Erfolg der Mesolithischen Revolution. Sie erbrachte eine Lösung, die auf menschlich authentischer Basis nicht möglich gewesen war und wo die Grenze der humanevolutionär entwickelte Kultur des Homo sapiens lag. Es ist ganz entsprechend festzustellen, dass dieser Schritt definitiv nicht als eine graduelle Weiterentwicklung zu begreifen ist und dass die Mesolithische Revolution eine vollkommen neuartige Entwicklung bzgl. der menschlichen Realität begründete: die >historische Entwicklung<.

Die zweite Prämisse des Erfolgs der Mesolithischen Revolution lag darin, dass sie bei allen Problemen sozial produktiv motiviert war. Es war alles andere als selbstverständlich, dass die Sozial-Organisation der Mesolithischen Revolution überhaupt zustande kam und trotz der bald entstehenden vielfältigen Probleme zur dauerhaft bleibenden Grundlage wurde. Der Ansatz war auch produktiv genug motiviert, dass er zu entscheidenden Nachbesserungen befähigt war, als der erste Ansatz am Ende des Frühen Mesolithikums seine Grenze erreichte. Die Anlage von Göbekli Tepe erklärt sich aus dieser Weiterentwicklung: als ein übergreifender Zusammenschluss der entstandenen Stämme.

Was diese Gegebenheiten für die menschheitsgeschichtliche Entwicklung bedeuten, soll noch weiter unten aufgenommen werden.

Hier soll zunächst noch einmal auf die Grenzen der natürlichen sozialen Fähigkeiten des Menschen verwiesen werden, um auf die entstandene Problematik hinzuweisen:

> „Soziologen haben in Untersuchungen herausgefunden, dass eine >natürliche Gruppe<, die nur von Klatsch zusammengehalten wird, maximal aus 150 Personen bestehen kann. Mit mehr Menschen können wir keine engen Beziehungen pflegen, und über mehr Menschen können wir nicht effektiv tratschen. Das ist bis heute die magische Obergrenze unserer natürlichen Organisationsfähigkeit. Bis zu einer Größe von 150 Personen reichen enge Bekanntschaften und Gerüchte als Kitt für Gemeinschaften, Unternehmen, soziale Netzwerke und militärische Einheiten aus, und es sind keine Rangabzeichen, Titel und Gesetzbücher nötig, um Ordnung zu halten." [70]

Sehr wohl lassen sich basisdemokratisch größere organisatorische Gebilde aufbauen. Doch gilt es, die Grenzen der sozialen Fähigkeiten des Menschen ernst zu nehmen und zu beachten.

Dies gilt auch für eine geschichtswissenschaftliche Arbeit. Denn ohne dieses Verstehen steht man von vorneherein in einer Geschichts-Mythologie und reproduziert die Propaganda und Ideologie, die schon damals eingesetzt wurde. Dies zeigt sich bereits in Bezug auf Göbekli Tepe.

---

[70] Yuval Noah Harari: Eine kurze Geschichte der Menschheit, S. 40. Dort auch Literatur-Hinweise

3.5.2 Zur Entstehung der historischen neuen Sprachform

„Die Feingliederung der Sprachen, mit der wir heute leben, geht in ihren Anfängen auf die Periode der letzten Eiszeit zurück (vor ca. 12.000 Jahren). [...] Die formativen Prozesse aller bekannten Sprachfamilien sind nicht älter als ca. 10.000 bis 12.000 Jahre." [71]

Diese Einsichten des Sprachforschers Harald Haarmann entsprechen im Grundsätzlichen meinen Einsichten. Ich bin hier allerdings der Auffassung, dass die historisch neuartige Sprach-Entwicklung in der etwas früher anzusetzenden Mesolithischen Revolution um 11.000 v. Chr. im Nahen Osten ihren *Ursprung* hat. Doch dauerte es in der Tat noch etwas, bis sich die neuen historischen Sprach-Ansätze verbreiteten, aus denen mit der Zeit die Sprachfamilien hervorgingen. Hierbei bieten die verschiedenen Zusammenhänge zwischen den Sprachfamilien weitere Aufschlüsse.

Insgesamt kristallisierte sich in meiner diesbezüglichen Forschung heraus, dass mit der Entwicklung der neuen Sozialorganisation, die zuerst zu der Konzeption >Stamm< führte, auch eine neue Sprach-Entwicklung aufkam, die überhaupt erst diese neue Sozialorganisation und dann auch die weitere Fortschritts-Entwicklung ermöglichte. Umgekehrt brauchte die neue Sozialorganisation auch eine neuartige Sprach-Anlage. So wirkten beide Faktoren wechselseitig auf einander zu einem Umbau der ursprünglichen Kultur-, Sozial- und Sprach-Anlage des Homo sapiens, auch wenn vieles in Mythologie und Vokabular auf der

---

[71] Harald Haarmann: Weltgeschichte der Sprache, S. 127

humanevolutionär entwickelten Sprache aufbaute und diese fortsetzte.

Denn es wird deutlich, dass diese Entwicklungen von der humanevolutionär entwickelten eiszeitlichen Kultur und Sprache des Homo sapiens *in dieser Form* gar keine Möglichkeit gewesen wären, weil in ihr Vokabular, Mythologie, Kultur, Recht und Soziales absolut aufeinander abgestimmt waren. Eine Weiterentwicklung wäre dort ausschließlich auf der Basis gemeinschaftlicher Kommunikation möglich gewesen, doch genau diese funktionierte in diesem Kontext nicht mehr.

Die humanevolutionär entwickelte Sprache war gleichzeitig auch das menschliche >Gesetz< und seine (Kultur-) Verfassung und hierbei so als Bestandteil der kindlichen Sozialisation in Didaktik, Moral und Vokabular aufgebaut, dass man mit ihrer Kenntnis als Erwachsener seine Sozialverhältnisse auf der Basis von Kommunikation steuern konnte. Dazu brauchte es nicht nur Vokabeln wie >Gerechtigkeit<, sondern auch ihrer so klaren Bestimmung, dass ein *Gespräch* über empfundene Ungerechtigkeiten sozial befriedigende Lösungen erbringen konnte. Schließlich hatte man hier noch kein Rechtswesen und noch keinen Justizapparat, der die entstandenen Ungerechtigkeiten als >Recht< und also als >gerecht< erklären konnte (dies begann erst mit der Mesolithischen Revolution). Insofern waren die vorausgehenden Sozialverbände auf gemeinschaftliche Klärungen angewiesen. Anders wäre es humanevolutionär auch nie zu der Entwicklung von Kultur in dem evolutionär und menschlich entscheidenden Sinn unserer kulturalen Anlage gekommen.

Dies alles bedeutete freilich auch, dass man in seiner Sprache an die humanevolutionär entwickelte Software gebunden blieb. Darin lag ursprünglich auch die großartige Leistung der humanevolutionären Entwicklung, die unserer Art Homo sapiens über Zehntausende von Jahren bei all den äußeren Veränderungen eine dauerhafte soziale Stabilität zu bieten vermochte.

118

Doch am Ende der Eiszeit entstanden insbesondere zuerst im Nahen Osten Notstands-Probleme, bei deren Lösungsbemühungen man offenbar – vor allem anscheinend im Kontext der >Jugend-Initiation< - nicht mehr genug Zeit fand, Sprache und Kommunikation zureichend beherrschen zu lernen.

Dies belegt sich vor allem auch darin, dass man die eigentlichen Inhalte und Funktionen der ursprünglichen Mythologie nicht mehr verstand. Die verschiedensten Geschichten der ursprünglichen Mythologie wie etwa das Motiv der mythologischen >Ur-Mutter< (aller/alles Lebenden) und seine Entfaltung in einer >Schöpfungs-Mythologie< verselbständigten sich, auch zu vielfältigen Fantasien. So kam es in dieser Folge zu einer wahrhaft >babylonischen Sprachverwirrung<. [72] Da nun die unterschiedlichsten Verbände und Individuen Sprache in ihrem eigenen verkürzten Sinn verstanden, kam es nicht nur zu Tausenden von Sprachen. Hier wurde aus >Geist< bald *Gespenstisches* (s. dazu auch → S. 180 ff.).

Nachzeichnung: Die historische Entwicklung des chinesischen Schriftzeichens für gui *>Schildkröte<.*[73]

---

[72] S. dazu mehr in meinem Werk >Was eigentlich Sprache ist< - Zur Evolution von Sprache und der historischen >babylonischen Sprachverwirrung
[73] Edoardo Fazzioli: Gemalte Wörter, S. 161

3.5.3 Die Grundlagen der neuen Sozial-
Organisation

Die Führer der Mesolithischen Revolution nutzen diese Situation des unzureichenden Verstehens von Sprache und Mythologie dazu, eine effektive Trennung von „Sprache" und „Mythologie" durchzuführen. Von daher ergab sich – auch erst – die neue Sprachkonzeption auf der reinen Basis von Vokabular und Grammatik, wie wir es von *dorther* kennen.

Mit dieser Abspaltung der Mythologie konnte man im ersten Schritt die Anbindung an die eiszeitliche Kultur effektiv lösen. Wohl gebrauchte man weiterhin noch viele Symbole, Geschichten und Wortformen aus der eiszeitlichen Tradition, doch man konnte sie mit dieser Trennung ganz nach dem eigenen Bedarf gebrauchen. Dies betrifft vor allem die Grundlagen der neuen institutionalisierten Sozialorganisation, zunächst namens >Stamm< und dann bald übergeordnet einem >Stämme-Rechts-Bund<, dessen organisatorischen Zentrum Göbekli Tepe (Türkei – Grenze Syrien) wird.

Mit dieser Trennung von der ursprünglichen Mythologie war man für die Entwicklung von neuem Vokabular insbesondere im Kontext seiner neuen Sozialorganisation frei. Im dritten Schritt schuf man aus den Beständen der ursprünglichen Mythologie eine völlig neue Art von Mythologie, die nunmehr den Zielen und der Autorität seiner Sozialorganisation und der gesellschaftlichen Steuerung und Psyche diente.

Was dies für die frühgeschichtliche Entwicklung bedeutete, wird unter → 4.3 auf S. 139 weiter aufgenommen.

Zu der von der Mesolithischen Revolution begründeten **Stamm**-Symbolik (Stamm-Ahnen), hier alteuropäische Belege mit Mythologie

> *„ Zwei Baumstämme wurden auf den Strand gespült, die die Götter mit Atem, Verstand, Gehör, Gesicht und anderen Lebensfunktionen versahen. Der eine war ein Mann, genannt* Ask *[= Esche], der andere eine Frau,* Embla. *"*
>
> (Germanische Mythologie) [74]

Sibirisch: *Mann* – Lärche;
Frau – **Tanne**
 (Findeisen/Gehrts S. 114)

Alteuropäische >Stamm<-Plastiken aus der Eisenzeit, die weibliche aus Schottland, die männliche aus England.
Solche Figuren standen in den gallischen >heiligen Hainen<.

Nachzeichnung nach:
Miranda J. Green: Die Druiden, S. 24

---

[74] Lennart Ejerfeldt, in: Asmussen & Læssøe: Handbuch der Religionsgeschichte I, S. 308

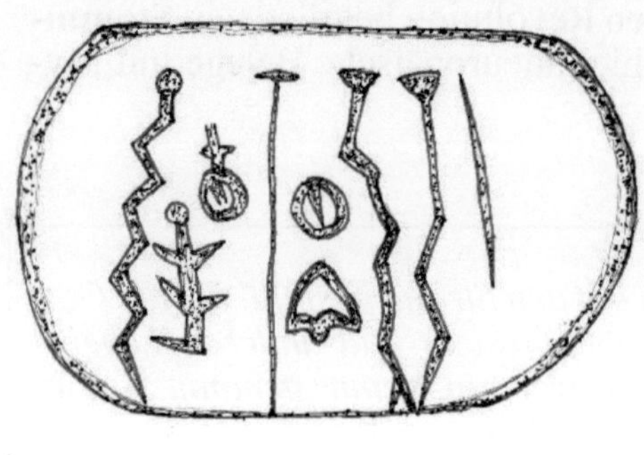

Den australischen Turingas in gewisser Weise vergleichbare Plättchen finden sich auch im Kultur-Kontext von Göbekli Tepe (s. Nachzeichnungen), hier aus dem Ort Jerf el-Ahmar. [75]

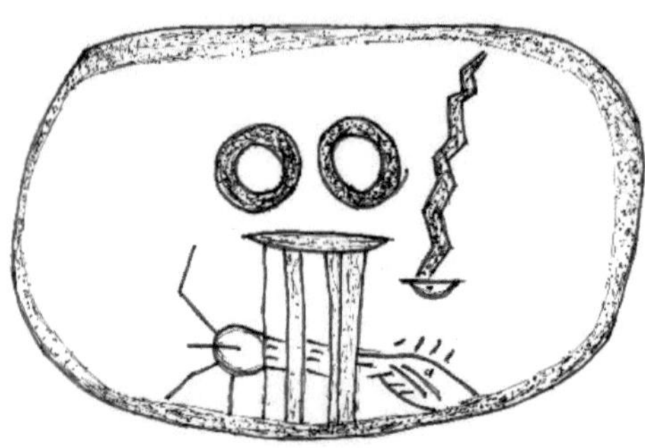

Diese Plättchen dürften als eine Art Ausweis und Dienstmarke in den organisatorischen Kontexten gedient haben. Nach außen hin klingt das etwa so:

„Es wäre ungehörig, *maya.ngarri* abzubilden oder im Detail zu beschreiben, gerade in ihrer Funktion als Mittel, mit dem Totem in Verbindung zu treten, denn sie sind ganz und gar durchdrungen von ihren geheimen Bedeutungen, die bewahrt und geschützt werden müssen. Jeder, der innerhalb des *Wunan* [→ *S. 143*] gegen diese Regel verstößt, riskiert es, getötet oder aus der Gemeinschaft ausgeschlossen zu werden." [76]

---

[75] S. mit weiteren Beispielen in: Badisches Landesmuseum Karlsruhe: Die ältesten Monumente der Menschheit, S. 103 ff., hier S. 106
[76] Jeff Doring: Gwion Gwion, S. 188

4 Zur Systematik und Stratigraphie der historischen Entwicklung

Die hier vorgestellte Konzeption der Historiologie ist mit der Auffassung verbunden, dass es bei allen Wirrungen und Kapriolen doch einen insgesamt systematischen Prozess einer historischen Entwicklung bis zur heutigen Zeit gibt. Dieser Prozess wurde in seiner spezifischen Struktur vor ca. 13.000 Jahren menschlich begründet und wird seitdem in seinem Eigentlichen menschlich selbst betrieben, wenn auch nicht unbedingt bewusst und in dieser Form gewollt.

Doch darüber hinaus darf der historische Prozess nicht vorschnell und pauschal gezeichnet und bewertet werden. Gerade auch bei den bisherigen Geschichtskonzeptionen wird vielfach ersichtlich, dass sie in Wirklichkeit von vorgeordneten Vorstellungen oder selbst auch von ideologischen Interessen geleitet waren (Fortschritts-Ideologie als Legitimation des Imperialismus des 19. Jh.).

Mit der Feststellung, dass sich ein systematischer Prozess einer historischen Entwicklung darstellt, ist die Auseinandersetzung über den Charakter und Verlauf dieses Prozesses nicht schon beendet, sondern soll sie ganz im Gegenteil überhaupt erst wirklich begründet werden.

Gänzlich zufällig stellen sich diese Entwicklungen nicht dar, aber deswegen auch nicht als ein einfacher und klar erkennbarer Prozess etwa in der Art der Entwicklung der Eisenbahn oder anderer technologischer Gegebenheiten.

Die Funktion einer Historiologie besteht darin, die Frage nach den Prozessen und Wirkungen der historischen Entwicklung gezielt zur Auseinandersetzung zu erheben.

Dies erscheint auch gerade für eine Ausrichtung auf die Zukunft als höchst bedeutsam.

Wenn hier nun im Folgenden weitere Aussagen gemacht werden, soll hierzu erklärt sein, dass sie nicht als Endergebnisse gemeint sind. In dieser Hinsicht geht es um ein vorläufiges Modell aus den sich neu abzeichnenden Einsichten und Befunden, um weitere Auseinandersetzungen anzuregen.

„Rekonstruktionszeichnung
des so genannten Totempfahls
von Nevalı Çori." (Gegend von
Göbekli Tepe, 8500 – 7900 v. Chr.)

Zitat und Nachzeichnung nach:
Klaus Schmidt: Sie bauten die ersten
Tempel, S. 79. Höhe des oberen
Teils ca. 1m, Angaben und Foto
in: Badisches Landesmuseum
Karlsruhe: Vor 12.000 Jahren in
Anatolien, S. 289 f.

4.1 Zu der Frage nach der historischen Systematik und den Systematiken

In dem großen Fortschritts-Optimismus um 1970 war es quasi selbstredend klar, dass sich die historische Entwicklung aus Fortschritten der menschlichen Intelligenz und Erfindungen heraus erklärte, was in der Antike einen ersten Durchbruch erfahren und seit der Moderne, vor allem mit der Industriellen Revolution und nun mit der Raumfahrt richtig Fahrt aufgenommen hätte.

Doch als am Ende der 70er gegenüber diesem Fortschritts-Optimismus die politischen, ökonomischen und ökologischen Probleme in den Vordergrund traten, erhob sich die Frage, ob überhaupt von einem systematischen historischen Prozess gesprochen werden könnte. Ein Artikel, den ich dazu in Erinnerung habe, hat in mir den Eindruck hinterlassen, als würde hier nun die menschliche Geschichte in meinen Worten eher wie das Wetter als >Gute Zeiten, Schlechte Zeiten< gesehen.

Wohl kann die bisherige historische Entwicklung nicht in der Art einer Treppe als Stufe für Stufe nach oben gesehen werden, wie es um 1970 ein Lehrer von mir vertrat. Bei einer solchen Gegebenheit würden sich etwa die beiden Weltkriege und das Aufkommen von Faschismen definitiv nicht erklären, und nicht wenige meinen ja auch heute noch, dass dies auch unter unseren Verhältnissen endgültig überholt sei (übrigens auch schon vor dem 1. Weltkrieg, wo eine solche Position noch etwas mehr Berechtigung hatte).

Dennoch stellt sich die gängige Konzeption der Fortschritts-Geschichte nicht ohne Grund als höchst plausibel dar. Die Menschen der Eiszeit mussten von dem leben, was ihnen die Natur bot, und hier kam es am Ende der Eiszeit nicht ohne Grund zu Problemen. Mit der Entwicklung einer systematischen Nahrungsproduktion hatte man hingegen eine gesellschaftliche Basis an Ernährung, deren Überschüsse auch die urbanen Entwicklungen ermöglichten, wie es bereits vor 5000 Jahren im Alten Orient heraustritt, aber bald auch in der Indus-Kultur, in China und in Amerika.

Diese Entwicklungen belegen sich nicht bloß in der Keramik, die für die Lagerung von Nahrung und Wasser von Bedeutung wurde; in Technologien wie etwa dem Pflug, mit dem eine neue Größenordnung der Bestellung von Feldern möglich wurde; im Wagenbau für Transporte, in den Metallwerkzeugen (z.B. Äxte zum Fällen von Bäumen) usw. Sie zeigen sich auch im kulturellen Bereich, in besseren Hütten, in schönen Kleidern (Webarbeiten, dann auch mit Farben), in hygienischen Entwicklungen (schon früh Abwasserrohre usw.), Schrift, Malerei, Musik, dann auch Wissenschaften und philosophische Werke usw.

Nach dem Ende des Mittelalters wurde in neuartiger Form die Welt befahren und entdeckt, dann auch Amerika und die Kugelgestalt der Erde. Es kam zur Aufklärung, zur Französischen Revolution, zur Erklärung der Menschenrechte, zu Demokratie und – mit einiger Verspätung – zu Gleichberechtigung. Die Industrielle Revolution eröffnete eine völlig neue Dimension an technologischem und kulturellem Potential. Man kann inzwischen nicht nur mit Flugzeugen um die Welt fliegen, sondern selbst schon der Mond wurde betreten.

Bei all dem ist es schon überaus kühn, eine historische Entwicklung in Frage zu stellen. Die Rede von der >Steinzeit< (der Ära der Steinwerkzeuge), der Bronze- und Eisenzeit (mit entsprechenden Werkzeug-Technologien), der Moderne und der Industriellen Revolution ist mitnichten aus der Luft gegriffen, und wer die entsprechenden Epochen etwas kennt, wird kaum im Ernst behaupten, dass sich bei den ganzen Verhältnissen nichts geändert hätte. Sie haben sich und ihre Umwelt vielmehr in verschiedenen Phasen so stark verändert, dass man die älteren Verhältnisse kaum wiedererkennen würde (in manchem selbst innerhalb unserer Lebzeiten). Wahrscheinlich würde man von der heutigen Sozialisation her bei entsprechenden *Time-Tunnel*-Expeditionen in frühere Verhältnisse diese Unterschiede eher als so gravierend erleben, dass man gemeinhin davon völlig überfordert wäre.

Die historische Entwicklung stellt sich in ihren Veränderungen durchaus als gravierend dar. Nur sind die materiellen und die technologischen Entwicklungen nicht mit den kulturellen und sozialen Entwicklungen identisch, und von hier aus ergibt sich eine deutlich andere Perspektive – die in manchen historischen Konzeptionen gar nicht erst in den Blick gerät.

In dieser falschen Gleichsetzung von technisch-materiellen und kulturell-sozialen Prozessen ist es auch in Bezug auf die frühgeschichtlichen Darstellungen zu ganz erheblichen historischen Fehleinschätzungen gekommen. Im Unterschied zu den tatsächlich neolithischen Kulturen, die von einer entscheidend anderen Mythologie und Auffassung geprägt sind, gab es im nahöstlichen Mesolithikum noch keinerlei Vorstellung von >Fortschritt<. Sie erlebten hier vielmehr einen Einbruch von Naturkatastrophen wie etwa der >Sintflut<, und es handelt sich bei ihren Entwicklungen *an sich* lediglich um Maßnahmen, den entstandenen Notstand zu bewältigen. Man empfand hier vielmehr eine >Vertreibung aus dem Paradies< und die dann notwendig werdende Arbeit bei der Nahrungsproduktion als >Fluch<, den man zunächst so schnell wie möglich wieder loswerden wollte.

Ausgerechnet die Kultur, die in ihrem ganzen Bestreben im Besonderen davon gekennzeichnet war, die völlig zu Recht als ruinös begriffenen Entwicklungen zu verhindern oder wenigstens zum Stillstand zu bringen: nämlich die spätmesolithische Ahnen-Kult-Kultur im Raum Jericho – die insbesondere in der afrikanischen Tradition wirksam und dort sprachlich und ethnologisch fassbar wurde –, wird in den gängigen Modellen als der besondere Ursprung der (neolithischen) Fortschritts-Entwicklung beschrieben.

Denn im Nahen Osten war es der Fall, dass die Maßnahmen, die die *fortschreitenden* Entwicklungen verhindern oder zumindest zum Stillstand bringen sollten, tatsächlich zu ihrer Steigerung führten. Obwohl – und gerade weil – man in solch einer Versorgungs-Misere lebte, wo das Überleben nicht gesichert war, setzte man in diesem Ausmaß auf eine Nachwuchs-Zeugung, und wenn man an sich auch die Nahrungsproduktion als >Fluch< ablehnte, kam es gerade dort wegen seiner Kinder zu ihrer Steigerung und einem Bevölkerungswachstum, sodass man dort in der gängigen Geschichts-Sicht das Zentrum der ersten Fortschritts-Entwicklung sieht.

Doch die zahlreichen Zusammenhänge, die sich kulturell und sprachlich von dort her u.a. nach Afrika vermittelt haben (wo sich einiges davon bis in die jüngst Zeit erhielt), zeigen, dass noch die spätmesolithische Entwicklung der Ahnen-Kult-Kultur nicht als >Entwicklung von Fortschritt< motiviert war, und tatsächlich gilt dies gar noch mehr für die Neolithische Revolution. Sie war vielmehr eine Art >religiöser Erweckungsbewegung<, die zurück in das eiszeitliche >Paradies< von >Mutter Erde< wollte: die Erde von >Unkraut<, Chaos und Bösem befreien und wieder >ordentlich< machen wollte. Die Etymologie von *Kult* (und *Kultur!*) belegt die Verbindung zum *Ackerbau* (lat. *colo – cultus*), der als >Kult von Mutter Erde< gedacht war – und damit historisch *natürlich* exakt das Gegenteil dessen bewirkte, was dabei an sich vorgestellt war.

Dies sind nur Beispiele dafür, dass die äußere Entwicklung in der Geschichte nicht einfach mit den kulturell-sozialen und etwa auch mental-psychologischen Prozessen (in Sitten, Weltanschauung, Sprache usw.) gleichgesetzt werden können.

Mitnichten kann die nahöstliche Entwicklung einfach von schlichten Hütten zu großartigen Palästen beschrieben werden. Mit welchem Ausmaß die altorientalische Entwicklung an Gewalt, Elend und etwa auch Sklaverei verbunden war, ist oft genug übergangen worden. Auch einem Friedrich Engels stellte sich die Armut und Sklaverei bei den Griechen noch als Relikt der Evolution dar. Wieder und wieder finden sich in der Geschichte bis heute solche kompletten Fehleinschätzungen bzgl. der Realität, woraus dann oft das Gegenteil der eigentlichen Absichten folgte.

Wir können uns bei der historischen Forschung weder allein auf die äußeren Prozesse noch allein auf die erkennbaren Weltanschauungen und Absichten beziehen. Für Etliches braucht es der verfügbaren Gesamtdaten von Humanevolution + Humanwissenschaften sowie der historisch-ethnologischen (+ sprachgeschichtlichen) Gesamtdaten, um zu einem adäquaten historischen Verstehen zu gelangen, das nicht die früheren Irrtümer reproduziert.

Wir haben es historisch sehr wohl mit einer >Entwicklung< zu tun. Doch besteht diese Entwicklung schon von ihren Ausgangsvoraussetzungen in den gigantischen Naturkatastrophen her von Anfang an **gleichzeitig** in Lösungsentwicklungen und Fortschritt wie in eskalativen Prozessen bis hin zum Faschismus und den modernen Kriegen usw.

Von einer eindimensionalen Gestalt kann bei dieser historischen Entwicklung keine Rede sein. Insofern gibt es auch keine einfache Dialektik, wo jedes Problem über seine Lösung weiteren Fortschritt ergäbe. Es stellt sich bislang auch das Gegenteil dar: dass jeder technische und ökonomische Fortschritt auch Eskalation und Macht motiviert, am deutlichsten in der Rüstungsproduktion, aber auch in ökologischer Hinsicht und nicht nur dort.

Damit soll hier aber keine abstrakte Rechnung der Vor- und Nachteile aufgestellt werden und auch nicht besagt sein, dass diese Entwicklung menschheitsgeschichtlich auf einen Kollaps hinausläuft. Ein solcher >Glauben< wäre ebenso fatal wie das Verkennen der ungünstigen Fakten.

Es ist nur zweifelhaft, ob eine Lösung der historisch entstandenen Problematik zu erwarten ist, wenn man den historischen Prozess weiterhin so verzerrt wie die alten Karten mit der Erde als Scheibe sieht (> Ammenmärchen! → S. 24) und hier nicht zu einer adäquaten Weltkarte wie in der Geographie kommt. An Bemühungen um Lösungen hat es in der Geschichte nicht gefehlt – die zunehmende Arbeit und die ganzen Kämpfe mit dem Einsatz seiner Existenz erklären sich zumindest ursprünglich von dort her. Woran es bei Engels und auch bis heute gefehlt hat, war mangels zureichender Fakten ein hinreichendes Verstehen der historischen Probleme, das erst Lösungen ermöglicht. Hier ist inzwischen deutlich anderes möglich.

Hier ging es jedoch darum zu zeigen, dass nach den ganzen sich darstellenden Fakten sehr wohl von einer >historischen Entwicklung< zu sprechen ist, dass aber diese Entwicklung von Anfang an sowohl Fortschritt als auch Eskalation aufweist - was sich in Teilen gegenseitig weiterentwickelte. Von daher haben wir es bei der historischen Entwicklung von Anfang an mit einem deutlich widersprüchlich komplexeren und uneindeutigeren Prozess zu tun, als dies gemeinhin bislang gesehen wird. Sofern man an Wissenschaft wie an tatsächlichen Lösungen – die sehr wohl als möglich erscheinen – interessiert ist, bedarf es entsprechend komplexeren Wahrnehmungen.

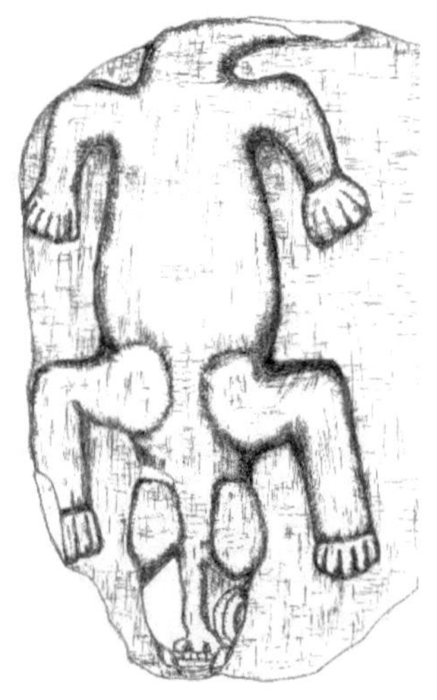

ästhetisch schön gestaltete
Aggressionssymbolik von
Göbekli Tepe (s. S. 153)

Länge des Tieres 47 cm

Nachzeichnung nach:
Klaus Schmidt: Sie bauten
die ersten Tempel, S. 95 ff.

4.2 Zu der Stratigraphie der historischen Entwicklung

Da hier ein historischer Entwicklungsprozess gesehen wird, kann dieser Prozess in seiner Hauptlinie auch mit einer bestimmten Stratigraphie an historischen Schichtungen verbunden werden.

Diese Stratigraphie ist (wie üblich) in erster Linie menschheitsgeschichtlich orientiert, und ihre Schichten sind zunächst von ihrem ersten Aufkommen und den damit verbundenen Prozessen definiert (was hier insbesondere von dem neuen Gebrauch des Begriffs Mesolithikum von Bedeutung ist, der nunmehr vom Nahen Osten her gesehen wird). Die damit verbundenen Prozesse können in anderen Teilen der Welt erst später aufkommen und dann auch Mischungen bisheriger Entwicklungen enthalten.

Hierbei soll trotz aller Bedenken bis auf Weiteres vorläufig das alte Begriffs-Modell aufgenommen werden. Die Reihung Paläolithikum – Mesolithikum – Neolithikum – Kupfersteinzeit (Chalkolithikum) – Bronzezeit – Eisenzeit kann – auch mit einem vergleichbaren Zeitansatz – soweit als menschheitsgeschichtliche Gliederung übernommen werden. Danach dürfte sich eine eher *regionale* Beschreibung (wie Antike – Mittelalter – Neuzeit/Moderne **für Europa**) bis zur Industriellen Revolution bzw. den Weltkriegen empfehlen. Mit den inzwischen entstandenen Weltverhältnissen kommt heute wieder eine gemeinsame neue historische Epoche auf.

Die Übernahme der eingeführten Konzeption bedeutet deswegen aber nicht, dass sie in allem mit der alten Auffassung verbunden wäre. Man kann dies mit dem Verhältnis der alten Weltkarte mit der Erde als Scheibe zu der neuen Weltkarte vergleichen. Es war nicht alles falsch, ein Teil der alten Karte konnte übernommen werden. Doch war die Kugelgestalt der Erde auch in Bezug auf das Verständnis der alten Teile von Konsequenz.

Diese Konzeption beginnt also auch hier mit dem Paläolithikum (Altsteinzeit), deswegen aber nicht mit >Homo< und der Humanevolution, sondern zunächst mit der vorausgehenden evolutionären Stufe der Hominiden. Insgesamt ist die weitere Untergliederung des Paläolithikums grundlegend neu zu bedenken, bis dahin, was die Definition von >Jungpaläolithikum< angeht.

Die historische Entwicklung setzt hiernach im Nahen Osten am Ende der Eiszeit vor etwa 13.000 Jahren mit der Mesolithischen Revolution ein. Sie begründet die Kulturstufe des Mesolithikums, die in drei Hauptphasen unterteilt werden kann (s.u.), bis dies von der Neolithischen Revolution und dem von ihr begründeten Neolithikum abgelöst wird. Danach folgen wie erwähnt und auch gängig und bekannt Kupfersteinzeit – Bronzezeit – Eisenzeit und dann in Europa Antike – Mittelalter – Neuzeit.

Im Unterschied zu der gängigen Auffassung, wo aufgrund der alten Theorie der >neolithischen Revolution< das Neolithikum gleich auf das Paläolithikum folgt, wird hier das Mesolithikum in erster Linie als eine Entwicklung des Nahen Ostens und als die erste grundlegende Stufe der historischen Entwicklung verstanden. Der Begriff des Epipaläolithikums, der in Bezug auf den Nahen Osten bislang als dehnbares Gummi für die Kluft zwischen Paläolithikum und Neolithikum verwendet wird, bleibt erhalten, aber in weit engerer Verwendung.

Die Neolithische Revolution wird mit seiner deutlich anderen Kultur und Weltanschauung wie in der ursprünglichen Tendenz wieder auf eine spätere Zeit: auf das 8. Jahrtausend v. Chr. angesetzt (s.u.).

4.2.1 Zu dem Begriff >Mesolithikum<

In gewisser Weise wäre es (perspektivisch) am besten, wenn man in dem Geschichts-Modell eine völlig neue Begriffs-Konzeption aufstellen würde. Das bestehende Geschichts- und Begriffs-Modell mit der „Steinzeit", das bereits 1836 aufgestellt wurde, ist im Grunde so aktuell wie die damalige Dampflok-Eisenbahn für unser Verkehrswesen.

Doch solange diese Konzeption noch in Gebrauch ist, ist der nicht ohne Grund – auch schon 1874 - eingeführte Begriff *Mesolithikum* als der **Phase zwischen Paläolithikum und Neolithikum** auch auf den Nahen Osten zu beziehen und in das **menschheitsgeschichtliche Modell** aufzunehmen.

Es ist eine Fehleinschätzung, dass im Nahen Osten das Neolithikum unmittelbar auf das Paläolithikum folgt und sich die Zwischenformen alle als Epipaläolithikum erklären.

Tatsächlich war das Mesolithikum gerade auch im Nahen Osten von größter Bedeutung. Es hat dort auch seinen Ursprung – nämlich in der Mesolithischen Revolution - und prägte vor der tatsächlichen Neolithischen Revolution für über drei Jahrtausende die Grundlagen der historischen Entwicklung und unserer heutigen Kultur. Die Entwicklungen der drei mesolithischen Hauptstufen finden sich alle in tendenziell weltweiter Verbreitung, und es spricht einiges dafür, dass die ebenfalls tendenziell weltweit verbreitete (mittelmesolithische) Megalith-Kultur (Stonehenge, Pyramiden usw.) vom Nahen Osten ausging (s.u. Göbekli Tepe).

Freilich kann bei diesem neuen Begriffsgebrauch - genau wie damals bei >Neolithikum< - nicht mehr das ursprüngliche Definitionsmerkmal aus dem 19. Jh. herangezogen werden. In dem hier vorgestellten Begriffs-Modell ist >Mesolithikum< nicht über einen Bestand von Mikrolithen bzw. von Pfeil und Bogen definiert, was nach heutigen Einsichten ohnehin eine ältere Erfindung des Paläolithikums darstellt (hier *deswegen* heute noch den Begriff *Mesolithikum* in *paläolithische* Kontexte zu stellen, schafft nur Konfusion).

Der Begriff >Mesolithikum< beschreibt hier vielmehr, wie das Wort besagt, die Zwischen- und Übergangsstufe zwischen dem Paläolithikum *des Homo sapiens* und dem Neolithikum. Das Mesolithikum wurde nach der hier vertretenen Auffassung durch die Mesolithische Revolution vor recht grob 13.000 Jahren im Nahen Osten begründet und erst nach über drei Jahrtausenden von der Neolithischen Revolution abgelöst. In vielen Teilen der Welt bestand die mesolithische Kultur jedoch weit länger, in Australien sogar bis zur modernen Kolonisierung.

Wenn auch die Neolithische Revolution ebenso wie die Industrielle Revolution einen entscheidenden Quantensprung in der historischen Entwicklung markiert, so stammen doch insgesamt die – verschiedenen – Grundlagen der historischen Entwicklung aus dem Mesolithikum, sogar die historisch relevanten Ansätze der Nahrungsproduktion (z.B. Göbekli Tepe). Die Neolithische Revolution ist im Nahen Osten nicht ihr Ursprung, sondern die notwendige Konsequenz ihrer Entwicklung.

Das Mesolithikum ist für das Verständnis der historischen Entwicklung, ihrer Hintergründe und der Zusammenhänge der historischen Entwicklung fundamental und konstitutiv. Erst damit kommt man von dem Bild der Erde als Scheibe weg.

Wie ich gesehen habe, war schon früher mal von einer >mesolithischen Revolution< die Rede (s. Internet), doch in einem völlig anderen Sinn und Kontext, nämlich in Bezug auf deutlich spätere Prozesse in Europa.

4.3 Zu den frühgeschichtlichen Stadien

Zwar berührt das neue Weltgeschichts-Bild das gesamte Verständnis von Humanevolution und Geschichte. Doch in Hinsicht auf den als >Geschichte< verstandenen Teil der historischen Entwicklung, also die rund letzten 5.000 Jahre, wirkt sich dies weniger in Bezug auf die Fakten selbst als eher auf die Einordnung dieser Fakten aus. Sehr pauschal formuliert, werden hier nicht nur die großartigen altorientalischen Paläste mit ihrem Harem und ihren Sklaven beachtet, sondern ebenso die umgekehrte Perspektive der Sklaven. Entsprechend werden die grundlegenden militärgeschichtlichen Einsichten nicht den wenigen Spezialisten der militärgeschichtlichen Forschung überlassen, nur weil sie nicht so erfreulich sind. Mitnichten fallen die Kriege so einfach wie Meteoriten als Schicksal ab und an vom Himmel, wie es gerne gesehen wird.

Doch die dem Umbruch von der Erde als Scheibe zur Kugel entsprechende Transformation der Weltgeschichts-Karte wirkt sich vor allem in Bezug auf die frühgeschichtliche Entwicklung aus. Wo bislang allenfalls ein paar weitere Inseln westlich der Azoren erschienen, treten hier ganze unbekannte Kontinente heraus. In historischer Hinsicht ist dies sogar noch bedeutsamer. Denn mit dem Mesolithikum verknüpfen sich nicht nur die ersten („zarten“) Anfänge der historischen Entwicklung, sondern auch die ganzen Grundlagen unserer Kultur, vom Mentalen bis zu der institutionalisierten Sozialorganisation incl. Sprachform, Sitten und Gesetze.

Allerdings ist hier nicht der Ort, darauf im Einzelnen einzugehen. Denn gerade hier besteht die große Forschungsproblematik.

Zum einen zeichnen sich die neu entdeckten Kontinente bislang eher nur von den langen Küsten her ab, sie selbst sind noch kaum erforscht – und überhaupt bekannt.

Selbst wo schon etliches Material zusammengetragen wurde – so etwa in sprach- und religionsgeschichtlicher Hinsicht -,[77] besteht hier zum anderen das Problem, die Fakten bzgl. der bislang unbekannten Kontinente zu vermitteln, da bislang allenfalls Inseln in der Art der Azoren für denkbar gehalten werden. Hier auch nur etwas näher auf die sich andeutenden Fakten einzugehen, ergäbe eigene Bücher, wie ich dies in erster Form bereits mit der >Kopernikanischen Wende< und zur >Mesolithischen Revolution< vorgelegt habe. Ein weiteres Buch zur Megalith-Kultur ist in Arbeit.

In diesem Rahmen hier die frühgeschichtlichen Stadien aufzunehmen, kann von daher nur einen Charakter zwecks Definitionen und Hinweisen haben. Dies kann hier nicht vertieft werden, da es allein mit ein paar weiteren Seiten auch nicht verständlicher und überzeugender wird.

Es ist jedoch in Bezug auf das neue Weltgeschichts-Bild nicht entscheidend, ob meine bisherigen frühgeschichtlichen Einsichten absolut zutreffend sind. Wohl standen damals der Schritt von dem Modell der Erde als Scheibe zur Kugel und die Entdeckung Amerikas im Zusammenhang, doch war die geographische Erfassung Amerikas eine eigene Forschung. Entsprechend ist die Einsicht, dass die historische Entwicklung von den gigantischen Naturkatastrophen am Ende der Eiszeit ausgelöst wurde, als eigenes Faktum zu aufzunehmen. Zwar könnten meine bisherigen Erkenntnisse die frühgeschichtliche Entwicklung evtl. besser als das Bisherige erfassen, doch sind sie bei dem gegenwärtigen Stand noch grob und vorläufig und noch nicht als das letzte Wort zu sehen.

---

[77] s. dazu etwa meine sprachgeschichtlichen Werke wie *Cûl Tura, Mebuntu* und >Frau Holle und der Drache von Lascaux<

136

4.3.1 Zu den Anfängen des Mesolithikums

Zum nahöstlichen Epipaläolithikum

Da sich aufgrund der alten Theorie der >neolithischen Revolution< die Vorstellung durchsetzte, im Nahen Osten wäre ein direkter Umschlag vom Paläolithikum auf das Neolithikum erfolgt, behalf man sich in Bezug auf die mehr und mehr aufreißende Lücke zwischen Paläolithikum und Neolithikum mit dem Begriff des >Epipaläolithikums<.

Mit dem Theorem der Mesolithischen Revolution und einem damit verbundenen Ansatz des Mesolithikums auf den Nahen Osten ist eine neue Perspektive entstanden, wo zwischen Epipaläolithikum und Mesolithikum zu differenzieren ist. Ein Befund von Mikrolithen ist hierbei nicht mehr das Kriterium für das Mesolithikum. Das Mesolithikum wird hier vielmehr durch die Entwicklungen der Mesolithischen Revolution begründet. Freilich bestehen hier bislang Probleme einer genaueren Zuordnung zu den archäologischen Befunden.

Es ergibt sich jedoch von den Anhalten der Mesolithischen Revolution einen substanziellen Hinweis auf ihre nähere Vorgeschichte, die sich bereits von dem eigentlichen Paläolithikum absetzt.

Ganz offenbar kam es im Nahen Osten vor den Stämme-Bildungen zu der neuartigen Praxis einer Heiratspolitik, wo die Verbände ihren Nachwuchs miteinander verkuppelten. Als Grund hierfür erscheinen die Vermeidung von Konflikten, die Sicherung der Beziehungen zwischen den Verbänden zwecks gegenseitiger Unterstützung oder vielleicht zuerst auch schlichtweg, um seinem Nachwuchs eine Versorgungsmöglichkeit zu verschaffen. Die Heiratspolitik erscheint damit als die erste Form der Politik, und sie wurde im Weiteren immer mehr von Bedeutung. Sofern hier Liebe unter den entstandenen Notstandsproblemen überhaupt noch eine Rolle spielte, so nur sekundär. Ggf. hatte der Nachwuchs Mitsprache-Recht und/oder eine gewisse Auswahl-Möglichkeit bzgl. der Partner/innen, aber nicht unbedingt. Eine Scheidung war häufig verboten oder wurde mitunter umgekehrt auch diktiert, wenn es die Heiratspolitik erforderte. Da es hierbei auch um Nachwuchs ging, bot diese Heiratspolitik auch die Vorlage zur Tier-Zucht. Mit der Mitgift oder einer Ausgleichszahlung an die Eltern (lange vor allem in Form von Tieren) ging dies mit der Zeit auch in Menschenhandel und Sklaverei über.

Aus dieser Entwicklung könnten bereits vor dem Mesolithikum Clan-Bildungen entstanden sein. Doch sind hier bislang die Fakten und auch die zeitlichen Angaben zu unsicher, um dies mit den archäologischen Anhalten (auch im Verhältnis zum Mesolithikum) verbinden zu können. Wenn es nicht schon im Epipaläolithikum zu den Bildungen von Clans gekommen ist, dann kam es im Mesolithikum recht schnell dazu. Die Clan-Bildungen spielten im Mesolithikum eine wichtige Rolle, auf jeden Fall ab dem Späten Mesolithikum.

Allerdings lag in der Heiratspolitik und in einer etwaigen prämesolithischen Clan-Bildung noch nicht die Lösung der aufgekommenen Notstandsprobleme. Von daher kam es zur Mesolithischen Revolution mit ihrer neuartigen Sozialorganisation. Die neuartige Konzeption des >Stamms< geht von einem schon bestehenden Brauch an Heiratspolitik aus, stammt die Vorstellung besonderer Verwandtschafts-Verhältnisse von dort her. Doch kam es zu der Bildung eines >Stammes<, weil die konkreten Verwandtschafts-Verhältnisse nicht (mehr) für die Bewältigung der entstandenen Probleme reichten. Dies belegt sich auch daran, dass es hierbei zunächst zu der Mesolithischen Revolution kam, und im Weiteren auch in der Art der Organisation des >Stamms<.

Das Frühe Mesolithikum

Das Frühe Mesolithikum ist das Produkt der Mesolithischen Revolution. Mit ihm verknüpfen sich die drei bereits gezeigten Sachverhalte: die neuartige Sozialorganisation, eine neue Sprach-Anlage und eine neue Realitäts- und Kultur-Auffassung (>Sozialmythologie<).

Es handelt sich bei dieser Form und Größe des >Stamms< um nichts Natürliches und Ursprüngliches, wie immer wieder aufgrund ihrer weltweiten Verbreitung gemeint wird, sondern um das spezifische historische Produkt der Mesolithischen Revolution. Dies basierte nicht mehr auf einer gemeinschaftlichen Kommunikation, worin das Entscheidende der humanevolutionären Entwicklung und der ursprünglichen Sozialformen lag. Vielmehr entstand diese Sozialorganisation gerade aus dem Problem heraus, dass man zu der gemeinschaftlichen Kommunikation nicht mehr hinreichend in der Lage war, wohl sowohl aus einem Mangel an Schulung an Kommunikation als auch aufgrund der neuen sozialen Größe, die die direkten sozialen Fähigkeiten des Menschen überstieg.

Dieses Frühe Mesolithikum dürfte in originaler Form allein im Nahen Osten bestanden haben. Die Verbreitung der Konzeption des >Stamms< über den Nahen Osten hinaus dürfte erst über die mittelmesolithische Konzeption des Stämme-Rechts-Bundes erfolgt sein, der tatsächlich weltweit orientiert war.

Diese mittelmesolithische Konzeption des Stämme- oder Völker-Rechts-Bundes hat den Hintergrund, dass die Bildungen von Stämmen im Nahen Osten in Disflikten mündeten, die sich in der direkten Form nicht lösen ließen. Von daher kam es am Ende des Frühen und als Begründung des Mittleren Mesolithikums zu der Lösung in Form eines übergreifend verstandenen Völker- oder Stämme-Rechts-Bundes, der auf dem Göbekli Tepe (Türkei – Grenze Syrien) sein Zentrum gründete.

4.3.2 Das Mittlere Mesolithikum
2. Hälfte des 11. Jahrtausends – ca. 9.500 v. Chr.

Der Anfang der historischen Entwicklung ist wohl in der Mesolithischen Revolution und also im Frühen Mesolithikum zu sehen. Doch wäre dies eine Episode geblieben, die sich wieder im Dunkel der Geschichte verloren hätte – wie heute noch entsprechende Forschungsprobleme zeigen –, wäre es nicht zu dem entscheidenden Neuansatz des Mittleren Mesolithikums gekommen. Es begründet sich in diesen Entwicklungen des Mittleren Mesolithikums, dass sich die zunächst rein regionalen Ansätze der Mesolithischen Revolution mit ihrer Stammes- und Sprach-Konzeption weit über die Welt verbreiteten.

Der Ausgang dieser Entwicklungen liegt in dem Patt, das am Ende des Frühen Mesolithikums zwischen den Stämmen in der disfliktiven Konkurrenz um Gebiete und Ressourcen entstand, vermutlich im Streit um den Raum von Göbekli Tepe, der im „Fruchtbaren Halbmond" eine besondere Rolle spielte. Infolge der mit der mit der frühmesolithischen Konzeption des Stamms verbundenen Rechts- und Gebietsansprüche konnte sich keine Partei erlauben, diesen Raum an andere zu verlieren. Doch keine Seite konnte diesen Disflikt für sich entscheiden, den man sich aber bald nicht mehr erlauben konnte.

So kam es mit dem Mittleren Mesolithikum zu der Lösung, indem man den Ansatz der Konzeption des Stamms auf eine Meta-Ebene brachte. Wie der Stamm eine Reihe an Verbänden zusammenschloss, schuf man nun, diesmal auf Augenhöhe, in einem neuen Anschluss an die paläolithische Rechtsauffassung einen alle Stämme und Verbände übergreifenden und weltweit anvisierten Stämme- oder Völker-Rechts-Bund.

140

Es handelte sich hierbei um eine Kombination aus der paläolithischen Tradition und der Konzeption des Stamms. Letzteres wurde als institutionelle Form der allgemeinen Sozialorganisation aufgenommen, um die Ansprüche auf die Ressourcen regeln und also Disflikte oder gar Kriege und Ungerechtigkeiten vermeiden zu können. Die Ebene des >Stamms< wurde hier zur *regionalen* Organisationsbasis, ähnlich wie bei uns ein >Kreis/tag<. Die Stämme bildeten über ihre Vertreter eine Großregion, in der Art unseres >Bundestages<. Göbekli Tepe als dem Ausgangsort dieser Rechts-Bund-Konzeption wurde zu dem allgemeinen Zentrum der Vertreter der Stämme und dann auch der Großregionen, wie bei uns das UNO-Parlament in New York.

Dafür bieten sich die verschiedensten Anhalte, u.a. in der Sprachgeschichte. Da die eiszeitliche Sprache des Homo sapiens entscheidend anders funktionierte, scheidet die Erklärung aus, dass sich die Sprachfamilien aus der eiszeitlichen Verbreitung des Homo sapiens über die Welt erklärt. Vgl. hierzu auch:

> „Die Feingliederung der Sprachen, mit der wir heute leben, geht in ihren Anfängen auf die Periode der letzten Eiszeit zurück (vor ca. 12.000 Jahren). [...] Die formativen Prozesse aller bekannten Sprachfamilien sind nicht älter als ca. 10.000 bis 12.000 Jahre." [78]

Umgekehrt bieten sich interessante Zusammenhänge zwischen den Sprachfamilien,[79] wie es etwa in den Theorien des >Eurasiatischen< und mehr noch des >Nostratischen< entwickelt wird. Von dort her ergab sich eine Entsprechung zu der Organisationsstruktur dieses mittelmesolithischen Stämme-Rechts-Bundes. Die Sprachfamilien entstammen aus ihrer großregionalen Organisation, die Einzelsprachen den regionalen Stämme-Bildungen. Die jeweiligen Sprachverwandtschaften stehen u.a. auch damit in Verbindung, wie lange sich organisatorische Strukturen aus dem mittelmesolithischen Rechts-Bund hielten, sowie dann, zu welchen historischen Entwicklungen und Kon-

---

[78] Harald Haarmann: Weltgeschichte der Sprache, S. 127
[79] s. dazu mein Werk zu >Mebuntu<

flikten es im Weiteren kam. Von diesen Einsichten her konnten die sprachlichen Befunde in neuer Form als ein bedeutsamer Anhalt des Niederschlags der historischen Prozesse erschlossen werden.

Die Ergebnisse stützen die Annahme, dass die tendenziell weltweit verbreitete Konzeption des >Stamms< auf den mittelmesolithischen Stämme-Rechts-Bund zurückgeht – wie umgekehrt, dass dieser Stämme-Rechts-Bund für einige Jahrhunderte vor und nach 10.000 v. Chr. eine tendenziell weltweite Verbreitung gefunden hat. Die Ursache liegt darin, dass es aufgrund der damaligen Naturumbrüche verbreitet zu Notstandsproblemen gekommen war, wo diese Konzeption Lösungen bot. Wie die sprachlichen Verbindungen und weitere kulturelle Anhalte andeuten, waren die organisatorischen Zusammenhänge auch als Ideen- und Erfahrungsaustausch von Bedeutung, wie daraus auch Handelsstrukturen erwuchsen.

Ganz offenbar war dieser mittelmesolithische Völker-Rechts-Bund auch mit der Megalith-Symbolik verbunden, wie es sich in doppelter Form mit Göbekli Tepe belegt: zum einen direkt in der großen Megalith-Anlage, doch zum anderen mehr noch mit dem >Berg< aus der paläolithischen Welt=Berg-Symbolik, die übrigens als Gipfel und/oder Bauch=Höhle bei der Jugend-Initiation von Bedeutung war. Im mittleren Mesolithikum spielt hierbei das Motiv >Fels, Stein< die entscheidende Rolle. Es symbolisiert, dass man in dem entstandenen Chaos wieder Verhältnisse >stabil wie Stein< [und nicht etwa Fortschritt in dem von uns gemeinten Sinn] erreichen wollte.

Es ist hier, wie gesagt, nicht der Ort, die ganzen Anhalte für diesen mittelmesolithischen Völker-Rechts-Bund und der ebenfalls tendenziell weltweit verbreiteten Megalith-Symbolik (die sich in der mesolithischen Tradition hielt) darzustellen. Um hier wenigstens *einen* Anhalt zu bieten, soll hier etwas aus der Aborigines-Kultur aufgenommen werden. Denn dort war das Ziel des mittelmesolithischen Rechts-Bundes, wieder dauerhafte Sozialverhältnisse zu begründen, ganz im Gegensatz zum Nahen Osten und nach einiger Zeit auch anderswo effektiv erfolgreich, bis der Kolonialismus dort einbrach.

Dieser Stämme-Rechts-Bund wird bei den Ngarinyin-Aborigines *Wunan* genannt. Aus dessen Verfassung:

„Alle teilen alles miteinander, Kinder ... Frauen ... Männer
Keiner ist ausgeschlossen ... alle gehören dazu,
Vögel ... alle Tiere ... Hunde
jedes lebendige Geschöpf gehört zum *Wunan* [...]
alle gehören zum *Wunan*, egal welche Sprache,
es ist allen gemeinsam ... das ist das *Wunan*
Nach dem *Wunan* wird alles geteilt,
alles hat seine Ordnung ... keiner bleibt draußen
alle ... das *Wunan* ist eine einzige große Familie
Oh ja! Ein *Wunan* für alle"[80]

Der Ur-Typ einer Megalith-Anlage, Nachzeichnung[81]

---

[80] Nyawarra, in: Jeff Doring: Gwion Gwion, S. 182 f.
[81] s.. Fotos in: Jeff Doring: Gwion Gwion, S. 142

Dieser Rechts-Bund wird u.a. durch eine kleine kultische Megalith-Anlage symbolisiert. Der (lediglich) Tisch große flache
Stein (s. Abb.), der der Mythologie zufolge „zuerst aus Rinde"
war, repräsentiert den Tisch, an dem die Ratsversammlung der
Stämme gesessen habe bzw. auch die große Schale des gemein-
samen Mahls dieser Ratsversammlung. Die um den Tisch aufgestellten (keinen Meter großen) Steine und die hier nicht zu se-
henden weiteren Steinreihen am Ort repräsentieren die auf der
„Ratsversammlung" anwesenden Stämme-Vertreter.

> „Hier sind die *Kamali jallala* ... Steine der Gesetzesmacher:
> Hier hatten sie die große Versammlung
> man kann noch sehen, wie sie von überall her kamen,
> eine große Versammlung war das
> und sie haben über das *Wunan* geredet." [82]

> „Aber die wichtigste Wurzel ist hier
> das Abbild der ganzen Ordnung ist hier
> an dieser Stelle hier da ist es aufgezeichnet [!]
> wir zeigen dir was da geschrieben [!] steht
> denn hier am Erdboden kann man es sehen
> da geht es zum Sonnenaufgang hin ...
> und da zum Sonnenuntergang
> *Wunan.gu* ... sie rufen nach dem *Wunan*
> Hier standen sie alle Schlange
> hier an der gestrichelten Linie!"   (ebd. S. 144)

Die Bedeutung des Steins liegt darin, das Ewige zu repräsentieren:

> „Der Stein hat Macht ... *wungud* hat er in sich
> wir sagen er ist wie das *Wunan* er wird nie vergehen."
>   (S. 143)

---

[82] Nyawarra, in: Jeff Doring: Gwion Gwion, S. 145

„Dieser Tisch *angga* der ist ewig, der hat schon immer da
gestanden, und er wird immer da stehen. Er hat nämlich
Wurzeln in der Erde, und der steht hier felsenfest.
Der bleibt wo er ist der hat Wurzeln tief drinnen ... der
Stein hier der bleibt an seinem Platz, der bleibt in der Erde
und das steht fest ... der Mann der muss ganz schön Kräfte
haben der den hochstemmt.
Der Stein hat Macht ... *wungud* hat er in sich, wir sagen er
ist wie das *Wunan* er wird nie vergehen.
wunbanburan heißt unveränderlich, er bleibt wie er ist für
alle Zeit, er ist *wunbanburan, wunbanburan* das heißt so
viel wie ... etwas bleibt immer am gleichen Ort
das heißt *wunbanburan,* der bleibt so den kriegt keiner hier
weg, den kann keiner verändern, und das *Wunan* wird
immer so bleiben."   (ebd.)

„Wenn wir sterben, dann ist der *angga*
der ist dann immer noch da
das *Wunan* ist immer noch da
und das Land selbst das ist auch immer noch da
Das *Wunan,* das ist jetzt da
und dazu gehören die heiligen Orte,
um die müssen wir uns kümmern, jeder Mann jede Frau
wir haben eine große Verantwortung
Kamali jallala ... Steine der Gesetzesmacher
Deswegen stehen so viele *jallala* hier
hier haben sie ihre Versammlung gehalten
Vereinbarungen getroffen das Land aufgeteilt...
alles ... Landrechte und alles
In dem *Wunan* sind wir alle entstanden
Niemand ist vergessen ... niemand ausgeschlossen
... hier im Land
aber wir stehen nicht abseits... wir gehören dazu
und das Lied das bleibt uns für alle Zeiten."

(S. 140, 142)

4.3.3 Das Späte Mesolithikum
ca. 9.500 bis nach 7.500 v. Chr.

Mit dem Ende der >Eiszeit< und dem Beginn des jetzigen Holozäns war das Problem der Naturumbrüche noch gar nicht vorbei. Selbst in unserer Gegend, wo die früher mit >Eiszeit< verbundenen Assoziation von >Winter< hinkommt, bedeutete dieses Ende zunächst einmal keinen Vorteil, sondern große Schwierigkeiten: das Aufkommen von Sümpfen und Wäldern mit anderen Tier-Arten.

> „Da Einzelwild wie Hirsch und Elche jedoch erheblich schwieriger zu erlegen war [*als die Herdentiere wie Ren und Pferd*], brauchte man neue Jagdwaffen, um erfolgreich zu sein."   (Parzinger S. 226)

Doch im Süden wie im Nahen Osten südlich von Göbekli Tepe bedeutete die neue Klima-Erwärmung eine Aridisierung: eine Austrocknung der Gebiete und also eine Ausdehnung der nahöstlichen Wüstenverhältnisse. Jetzt beginnen die ganz besonderen Ernährungsprobleme im Nahen Osten erst wirklich.

Hierbei war der Süden des Nahen Ostens in anderer Form betroffen als der Raum Göbekli Tepe und auswärts davon: der Raum Jericho war in direkter Form von der Aridisierung, der Raum von Göbekli Tepe von den Zuwanderungen aus dem Süden. Es hat den Anschein, dass es im ersten Effekt sowohl aus Überforderung als auch aufgrund von Streitigkeiten zu einem Zusammenbruch des Rechts-Bundes von Göbekli Tepe kam.

In dieser Folge kamen als Spätes Mesolithikum im Raum Jericho und im Raum Göbekli Tepe jeweils eine neue Geschichte machende Entwicklung auf.

4.3.3.1 Die Ahnen-Kult-Kultur

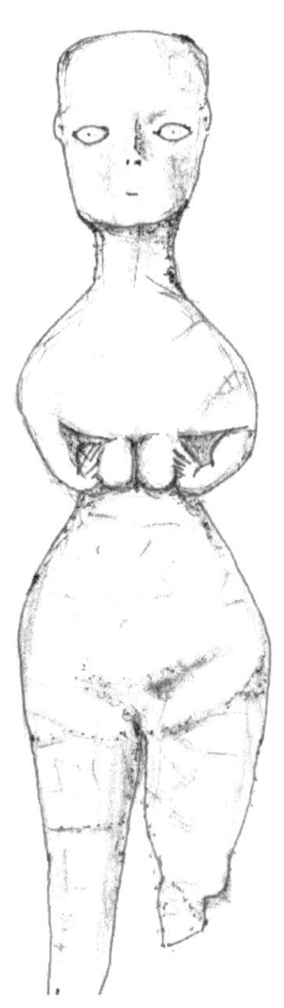

Nachzeichnungen:
Plastik aus Jericho, 7. Jt. v. Chr. [83]
ein mit Lehm überzogener Schädel mit
Muscheleinsätzen in den Augen

rechts: Plastik aus 'Ain Ghazal,
ebenfalls Jordanien, (7. Jt. v. Chr.)
„Die Statuette war möglicherweise die >Mut-
tergöttin< eines Dorfes. " (ebd. S. 37)

Die Plastik aus 'Ain Ghazal weist auffällige Ähnlichkeiten zu der obigen
Plastik aus Jericho auf, nämlich Stupsnase und einen unrealistisch kleinen
Mund. Solche Merkmale, wie in 'Ain Ghazal mit Brüsten versehen, weisen
die „Fruchtbarkeitspuppen" Akua'ba der Ashanti in Ghana auf, die von jun-
gen Frauen getragen werden. [84] *Die Bezeichnung >Akua'ba< lässt sich etwa*
mit span. cueva *und hebräisch* Chawwah *>Eva< in Verbindung bringen. Der*
Ausdruck dieser Figur ließe sich als Verschränkung von Autoritarismus und
Kindlichem als Mutter-Komplex deuten.

---

[83] in: Göran Burenhult: Illustrierte Geschichte der Menschheit II, S. 21
[84] S. z.B. in: M. Trowell & H. Nevermann: Afrika und Ozeanien, S. 92

Die Entwicklungen der Ahnen-Kult-Kultur im Raum Jericho erklären sich damit, dass dort die organisatorischen Möglichkeiten
des Rechts-Bundes nicht mehr zureichten. Hier mussten sich
nun die Verbände auf eigene Faust durchsetzen. So wird der
Brauch, seine Toten neben seinen und dann auch in seinen Häu-
sern zu beerdigen, als die Grabstätten seiner >Ahnen< zum Anhalt an seine Ansprüche an dauerhaftem Besitz, auch bei zeit-
weiligem Verlassen bei einer Nahrungssuche in größerer Ferne.
Dies wird hier etwa durch die Aufstellung von Schädeln zum
Ausdruck gebracht und markiert.

> „Auch ein weiteres kultisches Verhalten entsteht in der Epo-
> che: der >Schädelkult<, bei dem man nach der Bestattung die
> Schädel bestimmter Individuen wieder ausgräbt, sie eine
> Zeitlang in der Behausung aufstellt und dann in einer gemein-
> samen Zeremonie erneut beisetzt. Diese für Jericho belegte
> Praxis bezeugt das Aufkommen eines Ahnenkultes, der die
> territoriale Bindung der Familiengruppe bestätigt, diese fes-
> tigt und ihre Beständigkeit sichern soll." [85]

Die Ansprüche an Gebiet sind in der Ausdehnung gering, aber
sie werden hier **definitiv**. Damit wird der größtmögliche Rück-
zug einer Existenz aufgenommen, aber auch das Maß erreicht,
wo es keine Verhandlungsmöglichkeit mehr gibt. In dem hier
historisch erstmalig aufkommenden Toten-Kult werden die Toten und Grabstätten (in Übernahme der Idee der Megalith-Stät-
ten) >heilig< = >Tabu<: jeglicher Disposition entzogen.

Diese zuerst im Raum Jericho bekannte Entwicklung der Ahnen-
Kult-Kultur verbreitete sich als eine durchaus spezifische und
mitnichten natürliche Form – vermutlich über das Stämme-
Rechts-Bund-Netzwerk – als Lösungsansatz bei weitergehenden
organisatorischen Problemen weit über die Welt. In einer recht
alten Form hat sie sich in Afrika mit typischen spezifischen
Merkmalen (s.u. auch in der Sprache) bis in die jüngste Zeit er-

---

[85] Annie Caubet & Patrick Pouyssegur: Der Alte Orient, S. 24

148

haltenen. Dazu hier in knappen Auszügen [*Sasa* meint Gegenwart in einem weiten Sinn, s.u.]:

„Nach dem körperlichen Tod existiert der einzelne in der Sasaperiode weiter, ohne sofort aus ihr zu entschwinden. […] Solange man jedoch des Verstorbenen und seines Namens gedenkt, ist er nicht wirklich tot. […] Solange man die Totenseele so in Erinnerung behält, befindet sie sich im Stande persönlicher Unsterblichkeit. Ein äußeres Zeichen dieser persönlichen Unsterblichkeit ist die physische Fortdauer des Individuums durch Zeugung, welche bewirkt, dass die Kinder die Züge ihrer Eltern oder Vorfahren tragen. Die Hinterbliebenen verleihen der persönlichen Unsterblichkeit durch verschiedene Handlungen Ausdruck, indem sie z.B. den Verstorbenen mit Ehrerbietung begegnen, ihnen Speisen darbieten und Trankopfer ausgießen und die zu ihren Lebzeiten oder beim späteren Wiedererscheinen von ihnen gegebenen Anweisungen befolgen. […]

Die Scholle ist der Wurzelgrund ihrer Existenz und gleichzeitig das mystische Band, das Leben und Verstorbene eint. Die Afrikaner wandeln auf den Gräbern ihrer Väter, und eine Lösung des mystischen Bandes zur Totenwelt würde Unglück über ihre Familie und das Leben der Gemeinschaft bringen."[86]

Mit dem >Heilig< seiner Grabstätten hat sich ein ganzer Komplex an Wörtern, Bräuchen und Weltanschauung überliefert. Von dort her stammt auch der Begriff des >Heiligen Landes<. Das dem zugrunde liegende Wort wie hebräisch *qadasch* verknüpft sich mit bezeichnenden kultischen Kontexten (s. die Auflistung nächste Seite), in denen auch Übergänge zum Neolithikum zu sehen sind (Toten-, Fruchtbarkeits- und Götter-Kult). Dabei zeigt sich, dass es sich um eine Umdeutung der eiszeitlichen Symbolik der *Mond= Ur*-Mutter handelt (vgl. z.B. *DiAna - UrA^{h}n^{ös}*).

---

[86] John S. Mbiti: Afrikanische Religion und Weltanschauung, S. 32 - 35

chadasch חדש   hebräisch >neu<, >erneuern<, davon:
chodesch   hebräisch >Neumond<, als Fest gefeiert

qadasch קדש   hebräisch die Wortwurzel für >heilig<, so
qadasch   hebräisch >rein, geheiligt (von den Kriegern);
                durch Blutbesprengung; dem
                Heiligtum [*Tempel, Kult*] verfallen<
qiþus   gotisch >Bauch, Mutterleib< (Duden 7 > **Quaddel**)
qadesch   hebräisch für die >Tempeldiener< (m und fem.)
                (= „Tempelprostituierte")
Kadesch   altägypt. „Göttin des Liebeslebens"
gadisch גדיש   hebräisch 1. >Garbenhaufe<, 2. >Grabhügel<
gadusi   Cherokee (indianisch) >Hügel<   [*weder*
              ursprachlich noch sicher Zufall!]

      wohl ursprünglich aus Kultstätten in Ortsnamen:

Qedesch   (3 x im alten Israel)
Qart Ḥadašt (Wikipedia >) **Karthago**, *Qart* >Stadt<
Ḳarti-ḫadasti keilschriftlich für eine Stadt auf Zypern
               (Gesenius, קרת)
Cadiz   in Spanien als phönizische Gründung

kēdos   griech. >Sorge; Trauer; Leichenbestattung< *
hatis   gotisch = aengl. *hete*, schwed. *hat* = *
Hass   [* nach: Duden 7, *Hass*]
         – bezeichnende Bedeutungsentwicklung, vgl. die
         Parallelen *Alp - Albe, Elfe*) und *Mahr* (- *Mutter*)

      Auszug aus K.3.4.4.3 >(Grab)Kammer, Haus< in Band 2 b
             meines Werkes *Cûl Tura*

4.3.3.2 Göbekli Tepe

Ein zentrales Pfeiler-Paar eines „Tempels" - hier aufgeklappt -, das eigentlich
parallel zueinander steht. PPN A, Höhe dieser Pfeiler um 3,60 m.
Originale Fotos u.a. in: Klaus Schmidt: Sie bauten die ersten Tempel, S. 135

Nachzeichnung rechter Pfeiler (der linke ist hier nur gespiegelt)

Im heutigen Grenzgebiet Türkei – Syrien wurde in den 1990er Jahren auf dem Göbekli Tepe eine höchst imposante Megalith-Anlage mit bis zu 5 m hohen T-Pfeilern entdeckt, deren Zahl auf insgesamt rund 200 geschätzt wird. Allerdings sind diese Pfeiler nicht wie in Stonehenge in einem einzigen Gesamtkomplex aufgestellt, sondern aus einer Reihe meist rundlicher bis ovaler Gebilde, >Tempel< genannt.

„Heute ist nach 12 Jahren archäologischer Erforschung klar, dass es sich beim Göbekli Tepe um einen steinzeitlichen Ort mit monumentaler, megalithischer Architektur handelt, der bisher ohne Vergleiche bleibt und der die architektonische Wucht des südenglischen Stonehenge um mehr als sechs Jahrtausende vorwegnimmt.
Der Göbekli Tepe datiert ins 10. und 9. Jt. v. Chr. […] Hauptcharakteristikum des Göbekli Tepe bilden jedoch nicht Häuser oder sonstige Siedlungsspuren, sondern gewaltige Steinkreise aus monolithischen T-förmigen Pfeilern, die bis zu 5 m Höhe erreichen." [87]

„[…] um Göbekli Tepe zu errichten, mussten Tausende Menschen unterschiedlicher Gruppen und Stämme über lange Zeiträume hinweg zusammenarbeiten." (Harari 118)

Es ist in der Forschung klar, dass der Bau dieser gewaltigen Megalith-Anlage eine Vorgeschichte gehabt haben muss, die aber bislang nicht bekannt sei. M.E. ist diese Vorgeschichte aus vielfältigen Gründen mit dem mittelmesolithischen Stämme-Rechts-Bund zu verbinden. Ob es im Mittleren Mesolithikum eine einfache Megalith-Anlage gab, wie es oben am Beispiel der Ngarinyin-Aborigines gezeigt wurde, ist bislang nicht zu klären, da nur der kleinste Teil dieser Anlage ausgegraben ist.

---

[87] Klaus Schmidt, in: Badisches Landesmuseum Karlsruhe: Vor 12.000 Jahren in Anatolien: Die ältesten Monumente der Menschheit, S. 74 f.

Das Auffällige an dieser Anlage ist ihre besondere Ausprägung
einer Aggressionssymbolik (s. Bilder S. 95, 130; 18).

> „Es dominieren Tiere in aggressiver Haltung; die Mehrzahl
> der Skulpturen lässt sich ohne Zögern in die Kategorie >ge-
> fährliche Erscheinungen< einordnen; sie wurden folglich
> wohl in Unheil abwehrender – besser: abschreckender – und
> mithin >apotropäischer< Absicht aufgestellt. Bemerkenswert
> ist, dass sich unter den Darstellungen keine wirklichen Phan-
> tasietiere erkennen lassen. Die reptilienartigen Wesen vermö-
> gen die Assoziation mit Drachen zu erwecken, oder zumin-
> dest an Krokodile zu erinnern. Doch gab es an Euphrat und
> Tigris nie Krokodile." [88]

Bemerkenswerterweise hat die herkömmliche Forschung keine
wirkliche Erklärung für die Hintergründe des Baus einer solchen
für sie aus dem Nichts kommenden gewaltigen Megalith-Anlage, die eine effektive Größenordnung an Organisation voraus-
setzt, und noch weniger für die dortige Aggressionssymbolik,
begreift man hier doch ein „goldenes Dreieck" [89] des Auskom-
mens von Kultur.

Dies erklärt sich aus dem alten Geschichtsbild mit der Erde als
Scheibe, wo man in Bezug auf die Humanevolution und der eiszeitlichen Kultur von völlig falschen Prämissen ausgeht und das
Problem der gigantischen Naturkatastrophen am Ende der Eiszeit nicht in den Blick bekommt usw.

Tatsächlich stellen sich effektive Hintergründe für den aufwen-
digen Bau dieser gewaltigen Megalith-Anlage und ihre ausge-
prägte Aggressionssymbolik dar. Schon die Mesolithische Revolution und ihre Konzeption des >Stamms< erklärt sich ausschließlich von Notstandsproblemen her (s.o.).

---

[88] Harald Hauptmann & Klaus Schmidt, in: Badisches Landesmuseum
Karlsruhe: Vor 12.000 Jahren in Anatolien, S. 76
[89] Olivier Aurenche, in: Badisches Landesmuseum Karlsruhe: Die ältesten
Monumente der Menschheit, S. 65

Erst die mittelmesolithische Gründung des Stämme-Rechts-Bundes bedeutete im Nahen Osten eine zureichende Lösung der Ressourcen- und Disflikt-Probleme, und es bieten sich Hinweise, dass man darüber auch zu einer neuartigen Organisation in der Beschaffung von Ressourcen kam, so in der damaligen nautischen Befahrung von Zypern.

Dass der Bau der Megalith-Anlage zeitlich mit der neuen ökologischen Situation in Verbindung steht, erscheint bezeichnend. Es kommt zu einer Ausdehnung der nahöstlichen Wüstenverhältnisse. Die Entwicklungen im Raum Jericho zeigen, dass man zu einer übergeordneten Organisation nicht mehr zureichend in der Lage war. Im Raum Göbekli Tepe entsteht dieses Problem aufgrund des hohen Zuzugs aus dem von der Ausdehnung der Wüsten betroffenen Süden. Da dies dort die Versorgung bedrohte, dürfte es auch zu ernsten Konflikten zwischen den Ansässigen und den Zuwanderern gekommen sein. Die erste Folge war, dass der Rechts-Bund im Raum Göbekli Tepe aus den Fugen geriet.

Doch der Verlust einer solchen Organisation hätte im Raum Göbekli Tepe inzwischen noch ganz anders Hunger, Chaos und Kämpfe bedeutet als am Ende des Frühen Mesolithikums. Sofern man am Überleben interessiert war, gab es keine Alternative zu dieser Organisation. Doch da sich diese Organisation nicht mehr wie noch am Anfang des Mittleren Mesolithikums auf einen allgemeinen Konsens stützen konnte, ließ sie sich nur mit den Mehrheitsverhältnissen auf der Basis von >Macht< aufbauen. Diese Demonstration seiner Macht kommt sowohl in dem Bau der gewaltigen Megalith-Anlage als auch in der dortigen Aggressionssymbolik zum Ausdruck.

Die Anlage selbst zeigt, dass mit der nunmehr elitären Führerschaft in jeder Hinsicht eine neue Dynamik aufkommt. Wohl muss man das Aufkommen und die Verbreitung der Nahrungsproduktion in dieser Zeit nicht per se auf die Organisation von Göbekli Tepe zurückführen, doch spricht einiges dafür, dass sie hierbei eine bedeutsame und treibende Rolle spielte, so als dem

Beginn der dortigen *Züchtung* von Weizen (als einer Meta-Ebene des bloßen Säens).

Aufgrund dieser Entwicklungen an Nahrungsproduktion rechnet man diese Ära dem Neolithikum zu. Ich halte dies für falsch. Damit werden die sekundären technisch-materiellen Momente verabsolutiert und faktisch über das sozial-kulturelle Primat der menschlichen Funktionslogik gestellt, das sich gerade auch hier immer wieder belegt. Daraus ergibt sich eine verzerrte Beschreibung, die die tatsächlichen Prozesse nicht wirklich erfasst.

Denn es geht auch bei der neuen Organisation von Göbekli Tepe nicht um eine Vorstellung, Fortschritt zu entwickeln, sondern immer noch im alten mesolithischen Sinn darum, den entstandenen Problemen Herr zu werden.

So sieht Klaus Schmidt, der leider inzwischen verstorbene archäologische Leiter der Ausgrabung von Göbekli Tepe, im Unterschied zu etlichen Anderen in seinem einschlägigen Buch bzgl. Göbekli Tepe:

> „Die *Jäger* des Göbekli Tepe jedenfalls erklimmen nicht die Stufen hinauf zu einer glänzenden Zukunft, sie stehen am Abgrund, am Abschluss ihrer großen Zeit." [90]

Denn tatsächlich bedeuten diese Neuentwicklungen etwa an Nahrungsproduktion immer nur kurzfristige Lösungen. Insgesamt entstehen jedoch immer schwierigere Verhältnisse, die auch negative Folgen zeigen.

Doch je mehr Nahrungsproduktion entsteht, desto mehr sind die jeweiligen Verbände auch mit der Arbeit bzgl. dieser Nahrungsproduktion beschäftigt. Dies führt aber nur zu einem Bevölkerungsanstieg, nicht aber zu einer besseren Versorgungslage, die vielmehr umgekehrt problematischer und anfälliger wird. Der is-

---

[90] Klaus Schmidt: Sie bauten die ersten Tempel, S. 240

raelische Geschichtsprofessor Yuval Hariri formuliert diese Entwicklung pointiert:

> *„Niemand konnte die landwirtschaftliche Revolution vorhersehen und niemand wollte sie. Eine Abfolge winziger Entscheidungen, mit denen sich die Menschen den Magen füllen und ein bisschen Sicherheit gewinnen wollten, summierte sich so lange, bis die alten Wildbeuter unter sengender Sonne Wassereimer schleppten.“*   (Harari: 115)

Es ist genau diese aufkommende Ausprägung an Nahrungsproduktion (der archäologisch mit dem Schritt von dem PPN A auf das PPN B formuliert wird), die die Organisation von Göbekli Tepe in die nächste Krise stürzt. War man in der ersten Phase (ca. 9.500 – 8.800 v. Chr.) noch zu monumentalen Bauten fähig – ein noch größerer Pfeiler als je zuvor bleibt unvollendet liegen –, ist man danach nur noch zu geringen Bautätigkeiten in der Lage (s. Abb.).

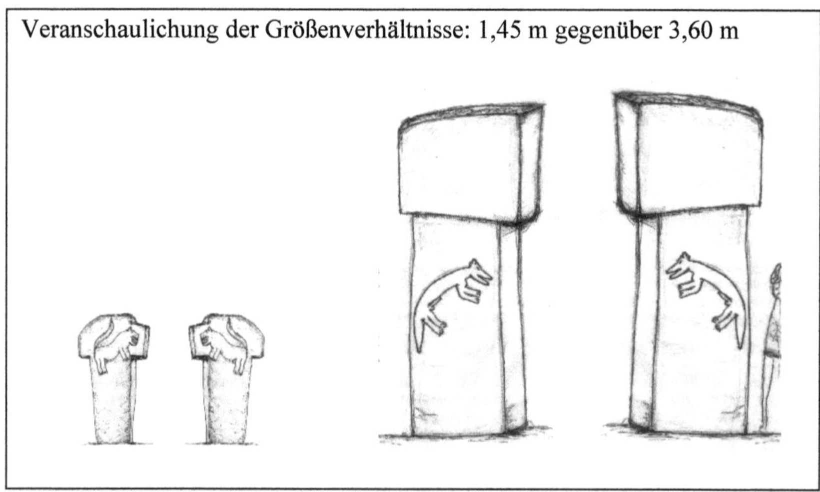

Veranschaulichung der Größenverhältnisse: 1,45 m gegenüber 3,60 m

Auch die sprachgeschichtlichen Anhalte verweisen darauf, dass die Organisation von Göbekli Tepe im Eigentlichen nur noch von der umliegenden Region betrieben wurde. Die zuvor ersichtlichen Verbindungen zu der älteren Sprachtechnik der Agglutination wie im Eurasischen und Sumerischen reißen hier ab.

In Göbekli Tepe entsteht eine sprachliche Weiterentwicklung: der Entwicklung der Flexionssprache, von der sich das Indogermanische und das Semitisch-Afroasiatische ableiten. Dies ist mit der 2. Phase von Göbekli Tepe (8.800 – 8.000 v. Chr.) zu verbinden. Dann kommt es wohl aufgrund der Entwicklungen der Ahnen-Kult-Kultur (etwa auch mit dem Brauch der männlichen Beschneidung), die südlich von Göbekli Tepe immer mehr an Bedeutung gewinnt, zu dem Bruch. Dies spiegelt sich einerseits in dem Ende der Bautätigkeiten auf dem Göbekli Tepe und anderseits in den unterschiedlichen Weiterentwicklungen zum Indogermanischen und zum Semitisch-Afroasiatischen.

Die sprachlichen Zusammenhänge zeigen, dass am Ende des Mesolithikums die neuen historischen Grundlagen inzwischen gelegt waren. Auf dieser neuen – nicht nur sprachlichen – Basis prägen nun die verschiedenen Großregionen ihre eigenen kulturellen und organisatorischen Formen aus, was sich auch sprachlich niederschlägt. Die großen regionalen Kontexte halten lange an der mittelmesolithischen Konzeption fest und bessern gewisse organisatorische Probleme durch Formen der Ahnen-Kult-Kultur (aus dem Raum Jericho) nach.

Doch waren auch die Bemühungen von Göbekli Tepe in dieser zweiten Phase von größter Relevanz. Dies belegt sich an der besonderen Ausdehnung des Indogermanischen und des Semitisch/Afroasiatischen. Dieser Einfluss liegt aber nicht mehr auf der grundlegenderen Ebene wie im Mittleren Mesolithikum und den Anfängen des Späten Mesolithikums, sondern in den darauf aufbauenden Weiterentwicklungen.

Tatsächlich stellt sich die Organisation von Göbekli Tepe als die Grundlegung der zivilisatorischen Kultur (-entwicklung) dar.

Sie war nicht nur das Ausgangszentrum der neuen historischen Sprachform und der institutionalisierten Sozialorganisation, wie es sich bei den älteren Stämmen und bei den Aborigines zeigt, sondern auch der Nahrungsproduktion, neuer Bau- und sonstiger Techniken bis hin zu den Formen an Verwaltung, die es für die größeren Ortschaften und die entstehenden Bevölkerungsdichten wie im Raum Göbekli Tepe brauchte.

Doch ging es bei der ursprünglichen mesolithischen Perspektive nie um etwas anderes, als die entstandenen Probleme zu lösen. Die neuen aufgekommenen Entwicklungen waren in ihrer Sicht nicht wirklich gewollt, sondern standen im Grunde im völligen Widerspruch zu ihrem eigentlichen Verstehen von Leben. Von dort her erklärt sich, wenn man diese Entwicklungen nicht weitertrieb, ja nach Möglichkeit wieder hinter sie zurückging.

Tatsächlich ist auch die Neolithische Revolution genau aus dieser Haltung heraus entstanden. So meint der Entdecker von Çatal Höyük zu diesen Anhalten, die eine entscheidende Rolle bei der Neolithischen Revolution spielen sollten:

> „In größerem oder geringeren Umfange sind derartige archaische Elemente auch in einer Anzahl anderer nachpaläolithischer Kulturen - wie dem palästinensischen *Natufien* - spürbar, doch nirgendwo finden sie sich so ausgeprägt wie im Neolithikum von Çatal Hüyük. Der Grund für das dortige Fortbestehen jungpaläolithischer Bräuche mag in einer strengen, konservativen Haltung zu suchen sein [...].“ [91]

Nur bestand zuerst im Nahen Osten das Problem, dass man unter den damaligen Voraussetzungen nicht hinter die entstandenen Entwicklungen zurückkam. So scheiterte das ursprüngliche Mesolithikum und die Organisation von Göbekli Tepe daran, dass man nicht den Dreh fand, ein positives Verhältnis zu den entstandenen Entwicklungen zu finden. Offenbar warf man sich am Ende des Mesolithikums gegenseitig vor, ständig das Gegenteil

---

[91] James Mellaart: Çatal Hüyük - Stadt aus der Steinzeit, S. 272

158

der proklamierten Absichten zu tun – was sich damals gar nicht verhindern ließ, vor allem nicht, da es damals keine Möglichkeit gab, diese Logiken zu verstehen.

Da jedoch die Orte und Verbände schon mit einer eigenständigen Nahrungsproduktion begonnen hatten, war das Ende der großregionalen Organisation von Göbekli Tepe diesmal nicht ganz diese Katastrophe wie zuvor. Doch waren die Probleme auf die Dauer groß genug, dass es zur Neolithischen Revolution kam, deren Lösungsansatz höchst bezeichnend ist.

4.3.4 Zur Neolithischen Revolution

Da sich mir auch in dieser Hinsicht andere Zusammenhänge darstellen, als es üblicherweise gesehen wird, wäre hier ein eigenes Buch notwendig, dies alles auszuführen.

Um hier dennoch Hinweise zu bieten, möchte ich angeben, dass ich trotz – und wegen – den veränderten Einsichten immer noch dazu tendiere, den Ursprung der Neolithischen Revolution mit Çatal Höyük in Anatolien zu verbinden, und zwar mit dem Entwicklungsschub, der um grob 7.500 oder 7.400 v. Chr. anzusetzen ist (es gab eine kleine ältere Vorstufe).

Es ist durchaus bezeichnend, dass diese neue Entwicklung an einem entfernteren Randbereich des Nahen Ostens aufkam: wo man einerseits von den Entwicklungen im Nahen Osten berührt war, aber andererseits die ältere Tradition bis hin zum Paläolithikum noch bekannt und von Einfluss war.

Tatsächlich zeigt sich auch bei den neueren Einsichten, dass Çatal Höyük gar nicht an den weiteren neolithischen Entwicklungen interessiert war, die wohl dennoch von dort ausgegangen waren und jenseits von Çatal Höyük eine neuartige Dynamik auslösten, die bald in westlicher Richtung relativ schnell Europa bis in unseren Bereich hinein erreichten.

Doch auch hier ist die Nahrungsproduktion nicht das Primat. Die Neolithische Revolution erklärt sich vielmehr aus einer neuartigen religiösen Idee des Kultes um die wie ursprünglich global gedachte >Mutter Erde<. Es handelt sich hierbei um eine Kreuzung der paläolithischen Symbolik, wie sie in den eiszeitlichen „Venus"-Figuren zum Ausdruck kommt, und um den in der spätmesolithischen Ahnen-Kult-Kultur entstandenen Komplex von Toten- und Fruchtbarkeits-Kultur (s. hier >Hades< → S. 150).

Der entscheidende Punkt und Unterschied verknüpft sich dabei mit der Sozialorganisation. Das Mesolithikum scheiterte daran, dass dort die soziale Zugehörigkeit an den Stamm und ab dem Späten Mesolithikum die soziale Sicherung mehr und mehr an einen Clan gebunden war. Wie sich mit einer erfolgreichen Heiratspolitik mehr und mehr an sozialen Privilegien sichern ließ, waren die Anderen umso stärker den entstandenen und sich entwickelnden Notstandsproblemen ausgeliefert.

Hier bot der neolithische Kult-Komplex um >Mutter Erde< den entscheidenden neuen Ansatz. Er setzte keine Angehörigkeit mehr voraus, nur eine Zuordnung zu seinem Kult, der dafür auch eine soziale Sicherung bot (auch in der Ernährung).

Die entsprechende Entwicklung zu der neuen neolithischen Priester/innen-Herrschaft entstand aus der Mutation von Schaman/innen, denen zunächst gegen ihren Willen eine soziale Führungs- und Leitungsrolle aufgedrängt wurde. Diese Entwicklung nahm mit der Zeit recht unterschiedliche Formen an, was auch an den jeweiligen Sozialkontexten und den weltanschaulichen Entwicklungen lag. Manche Priester/innen verblieben in der ursprünglichen Art einer dienenden und fürsorgenden Führung. Doch entstanden auch >schwarze Magien<, Despotie und Götter-Kulte daraus, wie dies auch vom Alten Orient her bekannt ist.

Es ist hier nicht der Ort, dies im Einzelnen weiterzuverfolgen. Stattdessen möchte hier ich einen kleinen Auszug aus einer etymologischen Auflistung bieten, die einerseits etwas von den inhaltlichen Zusammenhängen und andererseits etwas von der tendenziell weltweiten Verbreitung der Ausgangsform zeigt.

Hierbei will ich die Form *MaGa* aufnehmen, die sich noch im Griechischen für >Mutter Erde< findet (auch *Gaia,* griech. *gē* >Erde< wie in *Geologie*). Dazu gibt es etliche weitere ursprünglich gleichbedeutende Parallelen wie *BaGa, MaTa/MaTar* = >Mutter< usw.

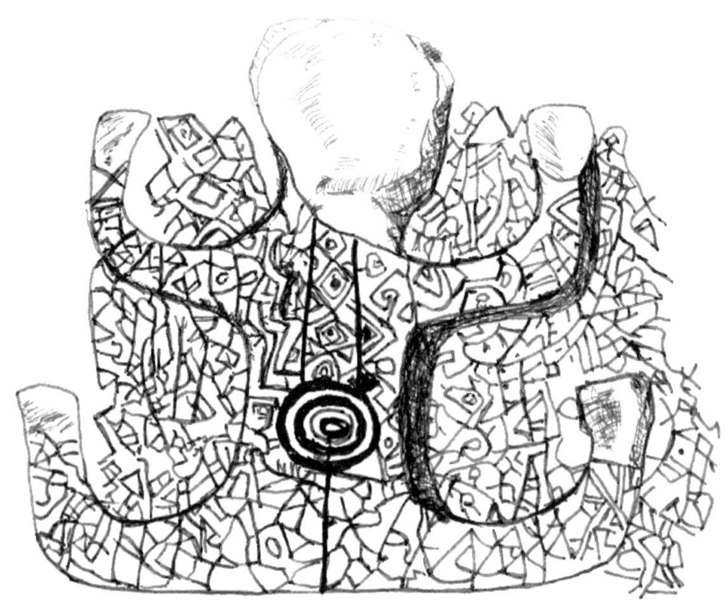

Relief in Çatal Höyük [92]

Sprachlich belegt sich *BaGa *als Parallele zu* **MaGa** u.a. in („**Magen**" = ***Bauch***, *Bache/Bock, pagan,* **boga* slawisch >Gott<, *Pacha Mama* usw.)

---

[92] Nachzeichnung nach Marija Gimbutas, Die Sprache der Göttin, S. 253

MaGa   >Mutter Erde<   (Auszug aus *Cûl Tura* Bd. 2, M.3.1.4.1)

Maka	„die Erde" bei den Sioux [93]
Macha	irische Göttin mit Grabhügel *Emain Macha,* heute ***Armagh*** [94]
***Jab**maekka*	samisch die Herrscherin von ***Jabaimo*** >Welt der Verstorbenen< (Wikipedia, *Samische Mythologie*) (*Jab – ab* >Mutter<)
Ukemochi	japanische >Mutter Erde<. „Aus ihrem toten Leib entsprossen Pferde und Rinder aus dem Kopf, Reis aus dem Bauch und Bohnen und Weizen aus ihrem **Geschlecht**." [95]
	Pendant zum >Mond-Gott<
Mag, Maige	irisch >Ebene<, in Namen, auch in Bezeichnungen für die Anderswelt [96]
-magen	keltisch >Feld< in ***Remagen, Dormagen,*** *Nijmegen (NL = Nimwegen)* usw.
Mais	

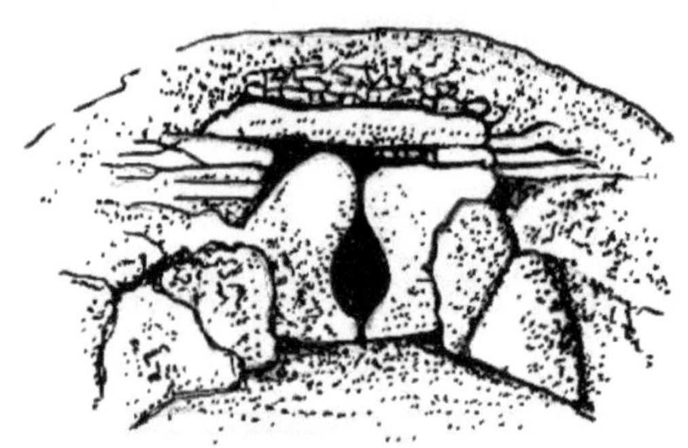

Norn'sTump (GB): „Die neolithischen Langhügelgräber Englands haben einen engen, vulvaförmigen Eingang." [97]

---

[93] D. Jones & B. Molynaux: Die Mythologie der Neuen Welt: *Inyan,* S. 43

[94] Sylvia & Paul F. Botheroyd: Lexikon der keltischen Mythologie, S. 265

[95] Harenberg Lexikon der Religionen, S. 845

[96] Sylvia & Paul F. Botheroyd: Lexikon […]: *Mag da Chéo* usw., S. 269 f.

[97] Zitat, Nachzeichnung nach: M. Gimbutas: Die Sprache der Göttin, S. 158

magos	lat. aus Persischen >Magier< [Priester-Schamane]
meiga, meigo	span. f/m >Zauberin, Zauberer; Hexe/r<
machi	>Schamane/in< in einer südamerikanischen Kultur [98]
maho	japanisch >Zauberei, Magie< (Hadamitzy S. 285, No. 1525)
masca	in langobardischen Gesetzen >Hexe<, s. auch [>? ***Maske***]
masco	provenzalisch >Zauberin<, *mascoto* >Zauber/ei< [99]

Magie, Magier

| ***pharmakeús*** (m), *pharmakís* (f) | griech. >Zauberer/in; Giftmischer/in [!]<, zu |
| *pharmakeúō* | griech. >**Heil**mittel, Zaubermittel, Gift anwenden< |

> **Pharmazie**

Macht, mächtig   > **Mechthild** [+ mhd. *hilt* >Kampf<] (EWD > ²**Metze**]

məqqər-	kabyl. (Nordafrika) >groß sein< (Wikipedia, *Berbersprachen*)
maagəə	nganasanisch (Sibirien) >stark<
moc	polnisch >Kraft, Stärke, Macht<
mech	etrusk. >Herrin, Königin< (Steinbauer, www.etruskisch.de)
mahkina	Herrschertitel bei den Mayas (Kuckenberg S. 211)
Mogul	tatarisch >Herrscher< (- **Mongolei**)
malku	assyrisch >König<
mallku	>König< bei den Aymará der **Hoch-Anden** [!] [100]
Magnat	von lat. *magnus* >groß, vornehm< (EWD, *Magnat*)
Mega-	griech. >groß, geräumig; bedeutend, wichtig, gewaltig<

magis	lat. >mehr< - (ver)***mehren***
mage	dän. >Gleiche(r); Gatt/in; einrichten; sich paaren <
much	engl. >viel<
machen	= ver**mehr**en >hervorbringen<
Gemächte	„zu *Macht* im Sinne von >Zeugungsvermögen" (Duden 7)
***ver*mählen**	ahd. ***maha**len* >reden, Vertrag schließen, heiraten< (EWD ebd.)

mago	aengl. >Knabe, Sohn; Krieger, Knecht< (nach: Duden 7, *Magd*)
mago = SON	japanisch >Enkel< (Hadamitzy S. 196, No. 910)
makaḷ	Tamil (drawidisch, Indien) >Tochter< (Wikipedia, *Tamil*)
magad	ahd. >Mädchen, Jungfrau<* > **Magd, Maid**

usw.

---

[98] Helma Marx: Das Buch der Mythen, S. 536
[99] nach Duden Herkunftswörterbuch: *Maskottchen*
[100] Charles Berlitz: Mysteries from Forgotten Worlds, S. 181

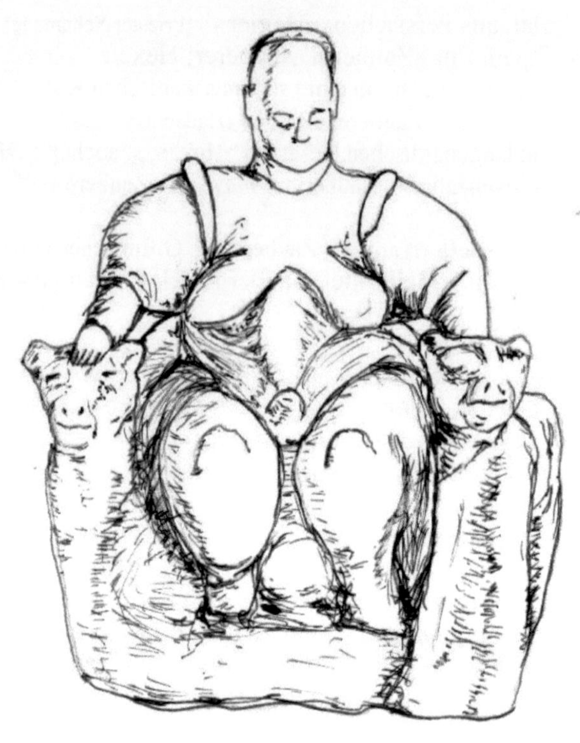

Plastik aus Çatal Höyük [101] (Nachzeichnung)

Diese Plastik erscheint als **das** Symbol der >neolithischen Revolution<. In *Çatal Höyük* gab es weitere solcher Figuren. Eine ähnliche Plastik (auch mit Leoparden-Symbolik) findet sich in Hacilar,[102] das die Entwicklungen von *Çatal Höyük* weiter westlich aufnimmt. Ich sehe darin einen Ausdruck des Triumphs des Kults über die Leoparden-Krieger der mesolithischen Tradition. Die >Leoparden< (=Krieger) werden nun zur Polizei von >Mutter Erde< als der >Herrin über Leben und Tod< - in deren >Namen< die *gleichnamigen* Priester/innen (z.B. MaGa s.o.) regieren.

---

[101] Höhe 11,8 cm, nach: Marija Gimbutas: Die Sprache der Göttin, S. 107
[102] s. in: Marija Gimbutas: Die Zivilisation der Göttin, S. 227

164

4.4 Das neue stratigraphische Modell der Weltgeschichte

M.E. stellen sich in der bisherigen historischen Entwicklung insgesamt 4 grundlegende >Revolutionen< oder eigentlich besser >Transformationen< dar, die einen jeweils neue Etappe an Entwicklungen beschreiben:

Bezeichnung	**Beginn**
1 Die Mesolithische Revolution	- Mesolithikum
2 Die Neolithische Revolution	- Neolithikum
3 Die Metallene Revolution	- 4. Jahrtausend v. Chr.
4 Die Industrielle Revolution	- ca. 1800

Alle diese >Revolutionen< sind von Ambivalenzen geprägt. Mit allen verknüpft sich sowohl ein historischer Fortschritt als auch eine eskalative Problematik. Zu den **positiven** Aspekten:

Ereignis	**Transformative** Dimension
1 Mesolithische Revolution	Beginn der historischen Entwicklung
2 Neolithische Revolution	Begründung der zivilisatorischen Kultur
3 Metallene Revolution	Säkularisierung der Priester-Herrschaft
4 Industrielle Revolution	Demokratie, *Aufgeklärte* Wissenschaft

Das Problem dieser Ambivalenzen geht auf die Entstehung der historischen Entwicklung zurück. Die gigantischen Naturkatastrophen am Ende der Eiszeit stürzten viele Kulturen in Chaos und Notstand. Es waren, angefangen von der Mesolithischen Revolution, die Lösungen völlig neuartiger Probleme, aus denen sich der Fortschritt erklärt. Doch konnten nicht alle entstandenen Probleme gelöst werden, und mitunter gingen auch die Lösungsbemühungen in die falsche Richtung.

Dieses Muster wiederholt sich bislang auf jeder weiteren Hauptstufe auf neuem Niveau. Jede Stufe brachte einen qualitativ neuen Fortschritt, aber auch eine qualitativ neue Problematik, wie zuletzt etwa den Faschismus, der u.a. auch eine Folge der Unaufgeklärten Wissenschaft war (bis heute kann >(akademische) Wissenschaft< nicht per se mit >aufgeklärt< gleichgesetzt werden. Tatsächlich ist sie auch eine Quelle von Ideologie und Macht-Logiken [>Wissen ist Macht<]).

Wir befinden uns heute in einer neuen, der Großen Transformation. Sie erklärt sich in Verbindung mit der Globalisierung aus einer neuartigen weltgeschichtlichen Situation. Bei allen damit verbundenen Krisen-Problemen besteht die heutige Chance darin, die historisch entstandenen Probleme mit einem weiten Überblick über die Welt, die Humanwissenschaften und die evolutionäre Entwicklung der menschlichen Anlage bis über die Primaten hinaus hinreichend objektiv genug zu erfassen, um sie lösen und menschliche Verhältnisse begründen zu können.

5 Geschichte und Historiologie

In diesem Kapitel sollen hier zum Abschluss noch einige sehr grundlegende Bereiche zum Thema Geschichte angesprochen werden.

Objekte aus der Almeria-
Los-Millares-Kultur,
Spanien, 1. Hälfte 3.Jt.

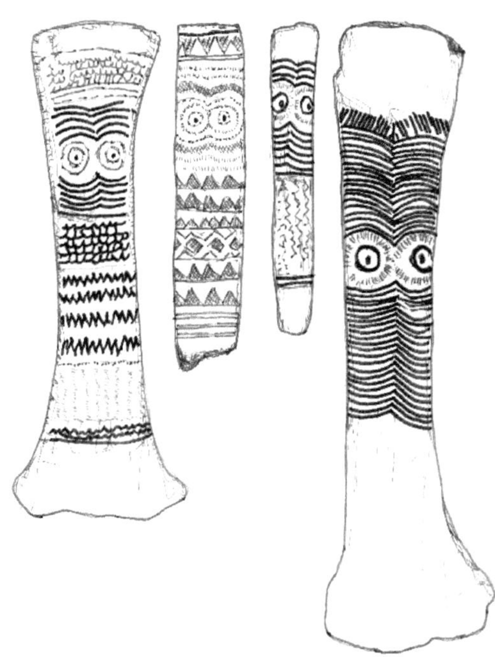

Einige dieser Objekte dürften als Szepter und/oder zeremoniell zum >Seg-
nen< und als Gerichtshammer gedient haben.
Nachzeichnung nach: Marija Gimbutas: Die Sprache der Göttin, S. 54

5.1 Die Kopernikanische Wende des Weltgeschichts-Bildes

Die Kopernikanische Wende des Weltgeschichts-Bildes ergibt sich nicht daraus, dass nicht die Neolithische Revolution, sondern die Mesolithische Revolution als Begründung der historischen Entwicklung zu sehen ist. Es sind vielmehr die damit verbundenen Konsequenzen, und zwar in verschiedener Hinsicht.

Die Vorstellung, Geschichte sei etwas rein Äußeres, weil der Mensch „immer der Gleiche sei", ist unhaltbar – der Mensch unterscheidet sich vielmehr gerade dadurch vom Tier, dass er „nicht immer der Gleiche ist", sprich: in seiner Anlage nicht wie die Tiere genetisch fixiert ist. Der Mensch ist aufgrund seiner Ablösung von der genetischen Verhaltenssteuerung der Tier-Stufe auf eine bestimmte Software (an) >Kultur< angelegt, um mit der Befähigung zu Selbst-Steuerung in gemeinschaftlicher Kommunikation gute und wünschenswerte Beziehungs- und Sozialverhältnisse zu erreichen. Die historische Entwicklung ist in den ganzen Veränderungen und mit den unterschiedlichsten Kulturformen ein regelrechter Ausdruck dessen, dass der Mensch definitiv keine fixe Größe ist. Doch gibt es auch keinen festen Boden, von dem her Geschichte im Fall von Entwicklungen ausschließlich als Verbesserung und Fortschritt zu Buche schlagen könnte.

Die Probleme von Kriegen und Gewalt usw. bis hin zum 3. Reich lassen sich heute definitiv nicht mehr von der Evolution her erklären. Die Anfänge der Entwicklung von Kultur können nicht mehr erst auf die griechische Antike und bei uns ab der Renaissance angesetzt werden. Von einer >Tierstufe< des Menschen kann in *physiologischer* Hinsicht seit unserer Art Homo sapiens nicht mehr die Rede sein. Dass die *pathologischen* Erscheinungen in manchem an Tiere erinnern, ist wohl kein Zufall, aber etwas entscheidend anderes.

Von den neuen Daten und Einsichten her stellt sich das Thema >Geschichte< heute absolut neu. Doch kann hier nur vor voreiligen Behauptungen und Reaktionen gewarnt werden.

In einem Zurück in das Mittelalter oder gar vor das Mesolithikum liegt gesellschaftlich weder die Lösung, noch wäre dies überhaupt eine tatsächliche Möglichkeit. Die Probleme, die am Ende der Eiszeit entstanden, verweisen bei allem Respekt vor der eiszeitlichen Kultur doch auf eine evolutionär noch nicht zureichende Entwicklung. Wir können auch einigen tatsächlichen Fortschritt konstatieren – auch einen, mit dem sich die bisherige historische Krise überwinden und eine neue Stufe an Kultur in menschlichen fähigen Sozialverhältnissen begründen ließe.

Doch dazu bedarf es einer möglichst exakten Analyse, an welchen Stellen es in der historischen Entwicklung zu >Unfällen< und Entgleisungen mit weiteren Folgewirkungen kam und was und warum dies tatsächlich als Fortschritt zu begreifen ist. Den Technologien und den materiellen Fortschritten kann durchaus eine Rolle als *Mittel* des Fortschritts zugestanden werden, aber sie können dabei niemals als das entscheidende Kriterium betrachtet werden. Das entscheidende evolutionäre Moment verknüpft sich beim Menschen mit dem Sozialleben und der Entwicklung der Persönlichkeit. Entsprechend sind dies als die primären Kriterien in den historischen Zusammenhängen zu sehen.

Von dem Verständnis des historischen Prozesses geht es bei >Geschichte< in erster Linie **nicht** um >**Vergangenheit**<, sondern um ein Verstehen **unserer historisch bedingten Realität** und unserer **heutigen** Situation. Wir befinden uns mit den ganzen positiven wie negativen Entwicklungen mitten in den Dynamiken des historischen Prozesses, der sich im Eigentlichen weder aus der Natur noch kosmologisch usw. erklärt, wie man es bis zum Ende der Eiszeit (des Paläolithikums) ansetzen kann. Dieser historische Prozess ist als menschlich selbst begründeter Abgang aus der Natur und von den humanevolutionär geschaffenen Grundlagen zu sehen. So kommt es um alles darauf an, die Auswirkungen dieses selbst geschaffenen Prozesses und eingeschlagenen Weges zu verfolgen, vor allem, da sich neben den positiven Momenten auch negative und absolut ruinöse Effekte darstellen.

Die alten Kartenwerke mit der Welt als Scheibe erweisen sich als unzutreffend. Wir haben damit zu tun, dass die aus dringenden Gründen je her anvisierten Ziele nicht dort sind, wo sie von den alten Karten her zu erwarten waren. Doch keine Panik: auch wenn man damals erst in der Karibik statt bereits in Indien gelandet war, so wurde Indien auf diesem Weg doch noch erreicht, und die ersten Fehleinschätzungen erwiesen sich als bedeutende Entdeckungen. Wie die Probleme der verzerrten, da mythologisch fundierten Weltkarten durch eine taugliche geographische Arbeit gelöst werden konnten, so sind die historisch entstandenen Probleme auch – aber nur - durch eine adäquate historische Weltkarte zu lösen, die uns über unseren tatsächlichen bisherigen historischen Weg und Standort und die Lösungswege tauglich aufklärt.

Geschichte beschreibt die 3. Dimension unserer Realität. Sicher kann man methodologisch für den einen oder anderen Forschungszweck (etwa in Medizin oder Psychologie) diese 3. Dimension ausblenden. Doch darf dies nicht dazu führen, unsere Realität für zweidimensional platt zu halten, wie umgekehrt auch ein Historizismus oder ein Politizismus ohne die anthropologische Dimension zweidimensional platt sind. Auch die anthropologische Dimension spielt mit ihren psychischen Aspekten und neurologischen Gegebenheiten eine fundamentale Rolle, ohne die sich unsere Geschichte nicht verstehen lässt, ist der Mensch keine beliebige Knetmasse, auch nicht als Kind.

Die historische Dimension kann nicht mit der kulturellen Dimension des Menschen gleich gesetzt werden. Zwar hat die historische Dimension in der kulturellen Dimension ihre biologische und praktische Grundlage, doch ist sie von ihren Prämissen her als ein spezieller Sonderfall zu sehen. Dies belegt sich an der Prozesslogik der historischen Entwicklung, die ihren Ursprung in der Art ihrer Entstehung hat.

170

Es geht bei der Erforschung von >Geschichte< in erster Linie um ein Erschließen *unserer* **Realität**.

Die heutige Realität erklärt sich bei allen anthropologischen Gegebenheiten (anders als die eiszeitliche Kultur) als das derzeitige Produkt der bisherigen historischen Entwicklung. Von daher ist das Erforschen der Geschichte die entscheidende Methodologie, einen adäquaten Zugang zu unserer heutigen Realität zu erschließen. Dieser Aspekt wird nun in einer entsprechenden eigenen fachwissenschaftlichen Disziplin namens Historiologie gesehen und aufgenommen.

Auch wenn die historiologische Erschließung unserer Realität komplizierter ist als die geographische Vermessung, die es „nur" mit vorhandenen ersichtlichen und festen äußeren Gegebenheiten zu tun hatte, dürfen wir uns diesbezüglich – falls wir irgendwie an der Realität und an der Lösung der historisch entstandenen Probleme interessiert sind – nicht mit Behauptungen zufrieden geben. Ältere Welt-, Menschen- und Geschichtsbilder mögen immer noch eine wichtige Wahrheit enthalten. Doch in historischer Hinsicht helfen sie uns ebenso wenig wie die alten Karten mit der Welt als Scheibe.

Es ist von den neuen Einsichten bzgl. von Geschichte, Humanevolution und den Humanwissenschaften her deutlich geworden, dass die Erde vielmehr eine Kugel und Amerika noch nicht Indien („Indianer") ist, sondern ein bislang unbekannter Kontinent.

Das soll hier heißen, dass die bisherigen neuen Einsichten wohl noch nicht so weit sind wie unsere heutigen geologischen Kartenwerke, aber doch bereits hinreichend deutlich ein neues Weltgeschichts-Bild in den Raum stellen, das in Bezug auf die bisherigen *Vorstellungen* einen solch fundamentalen Umbruch bedeutet wie damals die >kopernikanische Wende<.

5.2 Zu der Kompatibilität von Geschichte, Historiologie und den Humanwissenschaften

Die Einsichten in die Sachverhalte Kultur und Geschichte sind in Hinsicht auf die Humanwissenschaften von grundlegender methodologischer Konsequenz.

Es ist als effektiv vor- und unwissenschaftlich einzuschätzen, den Menschen als eine feste Kontante jenseits von Kultur und Geschichte zu sehen und zu behandeln. Dies gilt auch für die Medizin.

Wohl gibt es auch beim Menschen einige grundlegende genetisch bestimmte Bereiche, etwa das Prinzip im Skelettbau und der neurologischen Prozesse, auch der Sozialisation. Die Pubertät, die Geschlechtlichkeit usw. sind als solche keineswegs ein Produkt einer entsprechenden Erziehung, die ohne diese Erziehung nicht entstünden. Doch unterliegen die genetischen Vorgaben ganz anders der Ausprägung in der Sozialisation (z.B. bzgl. der konkret gebrauchten Sprache) und den jeweiligen Umweltverhältnissen (Hitze, Kälte; Hochgebirge; urbane Verhältnisse usw.) als irgendwelche Tiere. Dies begründet sich in der entscheidend anderen genetischen Anlage des Menschen, die als Hardware auf die Installation der Software (von) >Kultur< ausgelegt ist. Dazu kommen die Konsequenzen der menschlichen Sprachlichkeit, die immer auch mit >Vorstellungen< und >Einstellungen< usw. verbunden ist. Dies alles ist durch den Prozess der historischen Entwicklung noch deutlich komplexer geworden.

In vielen Kontexten wird die historische Dimension der menschlichen Realität übergangen. Wohl ist eine empirische Forschung von substanzieller Bedeutung. Doch verlässt es den Rahmen der Wissenschaftlichkeit, von empirischen Untersuchungen und Befragungen bei unserer so stark von der historisch geprägten Realität *unmittelbar* auf >*den* Menschen< schließen zu wollen. Selbst der menschliche Körper ist im Konkreten keine ahistori-

172

sche Größe. Atmung, Ernährung, Stress sind nicht nur akute Phänomene, sondern auch Momente der Sozialisation. Nicht ohne Grund wird von >typischen Zivilisationskrankheiten< gesprochen.

Natürlich können und müssen auch empirische Daten und verschiedenste *historische* Gegebenheiten in ein biologisch-anthropologisches Verständnis eingebracht werden. Sämtliche historische Phänomene sind auch anthropologisch zu reflektieren und zu analysieren – es handelt schließlich immer um Ausdrucksformen des Menschen -, nur haben wir es dabei nicht mehr mit den Natur- und anthropologischen Gegebenheiten wie vor der historischen Entwicklung zu tun. Es bestehen historische Entwicklungen an *Sprache, Sozialanlage, Weltanschaulichem* und meist auch an anderen Umwelt-Kontexten (z.B. Sesshaftigkeit), die in Hinsicht auf das Anthropologische zu berücksichtigen sind. Auch Dummheit und Gewalt können gelernt und in entsprechenden Kulturen für >normal< oder sogar für den Inbegriff von Tüchtigkeit gehalten werden (>*ignorance is strength*<).

Bei dem menschlich ohnehin schon komplizierten Verhältnis zwischen Hardware und Software (Kultur) ist mit der ganzen Komplexität der historischen Befunde an Ethnien, Sprachen/Weltanschauungen, Epochen und Informationen eine weitere Schwierigkeit für *adäquate* Analysen hinzugekommen. Von hierher sollen von den neueren Einsichten in den verschiedensten humanwissenschaftlichen Bereichen folgende Grundaussagen aufgestellt werden.

Vom Grundsätzlichen her ist zunächst zu sagen, dass sich Aussagen über >den Menschen< (Anthropologie) mit der Humanevolution und hierbei im Besonderen mit unserer spezifischen Art Homo sapiens in Verbindung bringen lassen müssen.

Alle Aussagen, die tatsächlich als anthropologisch zu verstehen sind, müssen sich *grundsätzlich* mit unserer Art Homo sapiens verknüpfen lassen und also von Anfang an auf den Bestand unserer Art anzuwenden sein, soweit zurecht von Homo sapiens die Rede ist, auch wenn sich dies im Konkreten nicht fassen lässt (etwa für die Zeiträume vor mehreren Zehntausend Jahren). Es verlässt den biologischen Art-Begriff und damit auch den wissenschaftlichen Diskurs, innerhalb einer Art wie hier Homo sapiens *substanzielle* evolutionäre Umbrüche ansetzen zu wollen (allgemeine evolutionäre Prozesse bestehen *immer*, doch relevant wird dies erst, wo dies den Rahmen in einer Art berührt).

Angesichts der fundamentalen Bedeutung von Sprache als Bestandteil unserer neurologischen Funktionslogiken ist es etwa entsprechend völlig ausgeschlossen, die Evolution von Sprache innerhalb der Ära des Homo sapiens unterzubringen. Sofern es effektive Gründe gibt, die Evolution von Sprache etwa erst vor ca. 50.000 Jahren anzusetzen, ist dann auch die Konsequenz zu ziehen, das Alter unserer Art Homo sapiens auf diese Zeit herabzusetzen. Von der Einsicht in die Evolution gibt es wohl Übergangsformen und -Kontexte, aber diese sind dann auch methodologisch entsprechend zu unterscheiden und zu benennen. Bestimmte substanzielle evolutionäre Veränderungen im Kontext von Homo sapiens sind der evolutionären *Vorform* Archaischer Homo sapiens zuzuordnen, größere Differenzen einem Homo archaicus. Im Einzelnen ist dies in einer Theorie der humanevolutionären Entwicklung zu reflektieren.

Umgekehrt kann **nichts**, was erst in der historischen Entwicklung aufkommt, *unmittelbar* zu Anthropologie (zur >menschlicher Natur<) erklärt werden. Wohl ist in dem historischen Kontext zu fragen, in welchem Verhältnis diese Entwicklungen zu den anthropologischen Gegebenheiten stehen. So ermöglicht die kulturale Anlage des Menschen selbst bestimmte Weiterentwicklungen, wie auch Barbarei in Sozialisationsprinzipien formal zu >Kultur< werden kann. Doch sind diese Unterschiede historiologisch wie auch kulturologisch (Software-Fragen) herauszuarbeiten.

Von den Einsichten in die historische Entwicklung ist hier zunächst zu postulieren, dass alles, was als anthropologisch aufzufassen ist, auch mit Homo sapiens und seiner paläolithischen Kultur von seinem evolutionären Erscheinen an bis zum Mesolithikum am Ende der Eiszeit (vor ca. 13.000 Jahren) verbunden werden können muss.

Methodologisch sind davon jedoch besondere Notstandsprobleme im Paläolithikum auszunehmen. Die kulturale Dimension unserer Art Homo sapiens beinhaltet prinzipiell die Möglichkeit von Fehlentwicklungen und kulturellen Zusammenbrüchen. Doch sind in einer seriösen Auseinandersetzung Fehlentwicklungen (*Pathologie*) von der (normalen =) *Anatomie* einer Art zu unterscheiden.

Methodologisch haben wir aber keinen Grund, die historischen Probleme wie etwa den Militarismus (Kriegertum usw.) auf die Zeit vor der historischen Entwicklung zurückzuführen. Dafür bieten sich weder von den Befunden noch von den grundlegenden anthropologischen Einsichten her irgendwelche Anhalte. Es gibt hier keine zeitlichen und erkennbaren kausalen Zusammenhänge, wie umgekehrt die Entstehung und Entwicklung bestimmter Probleme wie Militarismus usw. hinreichend deutlich im Kontext der historischen Entwicklung verortet werden können. Selbst falls sich ein Fall vor 20.000 Jahren eindeutig als Mord ausmachen lässt, erklärt dies nicht das vermutliche Aufkommen des ersten Kriegertums vor rund 11.000 Jahren im Raum Göbekli Tepe (Leoparden-Symbolik mit entsprechender weiterer Geschichte) und der Produktion von Schwertern als der ersten Waffe für einen rein kriegerischen Gebrauch seit gut 4.000 Jahren. Auch ist >Militarismus< etwas grundsätzlich anderes als (das biologische Phänomen) >Aggression<, wie >Staat< etwas anderes ist als eine Herde von Tieren oder eine uninstitutionalisierte menschliche >Gruppe< (und selbst eine GmbH usw.).

Die **Kompatibilität** zwischen den verschiedenen Dimensionen der menschlichen Existenz und den entsprechenden Fachbereichen (Biologie, Psychologie, Umwelt, Kultur, Sprache usw.) kann also **ausschließlich** mit der Ära des Homo sapiens **bis zur**

historischen Entwicklung verbunden werden. Die Befunde ab der historischen Entwicklung sind so weit es nur geht in Verbindung mit dem Verständnis der historischen Entwicklung mit den biologisch-kulturellen Gegebenheiten vor der historischen Entwicklung in Bezug zu bringen. Ohne Zweifel lässt sich etwa der *Ursprung* des Militarismus-Problems auf bestimmte Phänomene von Aggression zurückführen, wie sie in der Verhaltensforschung – *auch* bei Tieren – bekannt sind. Doch dass die territorialen Disflikte zum *Zustand* eines >Militarismus< mit *Kriegertum* werden, ist als eine historische *Entwicklung* von den biologischen Phänomenen von Aggression effektiv zu unterscheiden. Es handelt sich eindeutig um eine Meta-Ebene, die aus eigenen Gründen (wie etwa der Stämme-Bildung) und mit eigenen Folgen verbunden sind. Solche Unterscheidungen sind gerade auch in Hinsicht für eine Entwicklung von Lösungsansätzen von Bedeutung. Ohne sie wird man aus bereits länger bestehenden historischen Problemen nicht herauskommen.

Das Theorem der >Mesolithischen Revolution< stellt in dem schwierigen Verhältnis zwischen Biologie, Kultur und Geschichte den archimedischen Punkt, in dem die überaus unterschiedlichen Erkenntniszugänge der verschiedenen humanwissenschaftliche Bereiche wie auch anderer menschlich-kultureller Erfahrungen wissenschaftlich begründet in ein kompatibles Verhältnis gesetzt werden können.

Mit diesem Theorem ergibt sich zeitlich wie inhaltlich-prozessual ein Anhalt in dem Verhältnis zwischen Anthropologie und Geschichte.

Was den historischen Bereich angeht, so wäre es auch das besondere Arbeitsgebiet der Historiologie, zu der Kompatibilität von Geschichte zu den pleistozänen Gegebenheiten des Homo sapiens zu arbeiten. Für diese Kompatibilität muss jedoch zunächst vor allem der Hintergrund der Entstehung der historischen Entwicklung und der frühgeschichtliche Prozess ab dem Ende der Eiszeit nachvollzogen werden (soweit dies bislang möglich ist).

176

Insgesamt stellt sich hierbei dar, dass die historischen Auswirkungen in diesem Entwicklungsprozess je länger, je mehr komplexer und auch widersprüchlicher werden. Von daher spielt vor allem die Rekonstruktion der Anfänge und der frühgeschichtlichen Entwicklung eine Rolle. Denn hier werden die unmittelbaren Problematiken und Lösungsansätze deutlich. Schon um ca. 10.000 v. Chr. bilden sich Meta-Ebenen heraus, wo etwa die Lösungsansätze selbst zu den Ursachen der neuen Probleme werden usw.

Eine historiologische Arbeit soll sich nicht von den Dimensionen ihrer Aufgabe abschrecken lassen. Darauf zu verzichten, wäre noch unaufgeklärter, unwissenschaftlicher und fataler, denn dies hieße, dem Irrationalismus oder den Ideologien von Macht und Gewalt anheim zu fallen. Entsprechend muss hier mit vorläufigen Thesen und Modellen gearbeitet werden, aber von der neuen Ausgangsposition mit der Erde als Kugel. In historischer Hinsicht ist hier bis zu einem Erreichen einer wirklichen wissenschaftlichen Geschichts-Karte in der Art unserer geographischen Weltkarte noch einiges zu tun.

Felszeichnung am Wadi Berdschug (Nordafrika)
Nachzeichnung nach Paul Frischauer: Kleine Kulturgeschichte, S. 466

5.3 Geschichte und Historiogenese

„Die Sesshaftigkeit erwies sich jedoch als unumkehrbarer Schritt und führte zu einer radikalen Wandlung der gesellschaftlichen Struktur. Sie stellt die erste Stufe einer tief greifenden Veränderung aller Aspekte des menschlichen Lebens dar, die sich als >Neolithisierung< bezeichnen lässt."[103]

Von ihren Hintergründen her kann die historische Entwicklung nicht als etwas menschlich rein Äußerliches verstanden werden.

Darin unterscheidet sich die historische Entwicklung grundsätzlich von der Situation der eiszeitlichen Kultur des Homo sapiens. Auch in der eiszeitlichen Kultur hat es Entwicklungen von Fortschritt wie etwa auch Ansätze an Nahrungsproduktion gegeben, wie auch immer wieder Notstandsprobleme aufgrund von plötzlichen klimatischen Verschärfungen oder aufgrund von Naturkatastrophen wie besonders gewaltigen Vulkan-Ausbrüchen. Doch all dies blieb bis zum Ende der Eiszeit situativ. Wenn sich bestimmte Ansätze wie in der Nahrungsproduktion nicht als Vorteil belegten, so gab man sie im eiszeitlichen Kontext einfach wieder auf, wie ebenso die Bewältigung der Notstandsprobleme wieder zu einem Leben wie zuvor führte. Es bleibt einfach zu sehen, dass die humanevolutionär entwickelte Kultur ihre guten Gründe in Bezug auf Überlebens-Fähigkeit und Lebens-*Qualität* hatte, wie ebenso, dass es sich bei der historischen Entwicklung um etwas grundlegend anderes handelte als bei den verschiedensten Szenarien und Entwicklungen in der Eiszeit.

Dieses grundlegende Andere der historischen Entwicklung verknüpft sich damit, dass sie in Bezug auf die menschliche Anlage von *substanzieller* Konsequenz war, sowohl in Bezug auf die

---

[103] Annie Caubet & Patrick Pouyssegur: Der Alte Orient, S. 22

Umwelt als auch auf die menschliche Sozialisation und das individuelle Bewusstsein.

Als Ausgang dafür erscheinen zunächst die gigantischen Naturkatastrophen am Ende der Eiszeit, die sich offenbar im Besonderen im Nahen Osten auswirkten. Doch das allein kann die historische Entwicklung nicht erklären. Ohne die Entwicklungen der Mesolithischen Revolution hätten sich möglicherweise die Verhältnisse im Nahen Osten nach einer längeren bitteren Krise genau wie in manchen eiszeitlichen Szenarien wieder geklärt, und man wäre wieder zu der humanevolutionär entwickelten Lebensform zurückgekehrt.

Es waren erst die Entwicklungen der Mesolithischen Revolution, die mit ihren Lösungsbemühungen in den besonders ausgeprägten Problemen die Neuansätze schuf, aus denen die historische Entwicklung hervorging. Diese Neuansätze verknüpften sich, wie schon beschrieben, im Kern aus dem >Paket< der Begründung einer etliche Verbände übergreifenden institutionalisierten Sozialorganisation, einer neuen Sprachkonzeption und einer neuartigen „Mythologie", sprich einer neuartigen „Realitäts- und Kultur-Auffassung". Dieses >Paket< war von solch einer substanziellen Konsequenz in Bezug auf die menschliche Existenz, dass sie einen bis heute andauernden Prozess mit etlichen Fortschritten zur Folge hatte und dass man bis heute nicht aus ihren damaligen Grundlagen herauskam, da man sie bald als solche nicht mehr erkennen vermochte.

Das betrifft insbesondere die Sprach-Anlage und die Kultur- und Realitätsauffassung, vor allem in Verbindung mit der institutionalisierten Sozialorganisation, in der sich das damalige Gewirr mit Folgen bis heute institutionalisierte.

Vor allem in dem Bereich von Sprache (auch in dem neuen Vokabular und den neuen grammatischen Formen wie etwa das

>grammatische Geschlecht<) ist dies bis heute weitgehend unsichtbar und unverstanden geblieben, [104] s. etwa auch:

„Wittgenstein sagt, dass Probleme entstehen, weil wir die Arbeitsweise unserer Sprache missverstehen. Er sagt, wir seien von der Sprache >verhext<, und manchmal hätten wir einen >Drang<, sie misszuverstehen." [105]

Nicht weniger unkompliziert ist die damalige Umfunktionalisierung der ursprünglichen Mythologie als einer ursprünglich reinen neurologisch-sprachlichen Funktion hin zur Begründung und Sicherung seiner neuen Sozialorganisation. In dieser Hinsicht lässt sich in etwa völlig zu Recht feststellen:

„Dabei scheint es Allgemeingut der Kulturen zu sein, dass Staat und Gesellschaft religiös fundiert sind, d.h., ihre Ordnungen gelten nicht als etwas von Menschen zu einem bestimmten Zweck Geschaffenes, sondern als >Satzungen< vorgegebener und heiliger Art: sie sind ein Stück Religion."

„[...] andererseits sind sich die Wissenschaftler heute darüber einig, dass es sich bei den ältesten Stadtzentren um zeremonielle Komplexe handelte. P. Wheatly hat die religiöse Intention und Funktion der ersten Städte in China, Mesopotamien, Ägypten, Mittelamerika usw. überzeugend bewiesen." [106]

Es zeigt sich – auch an den Zitaten -, dass man bis heute bis in die Wissenschaft hinein die Unterschiede zwischen wirklicher >Religion< und der ursprünglichen Symbolik und Mythologie einerseits und von Inszenierungen, Propaganda, Ideologie und Weltanschauungen andererseits nicht wirklich zu erfassen vermag.

---

[104] einen Ansatz für eine Rekonstruktion versuche ich mit meinem Werk >Was eigentliche Sprache ist<
[105] A.C. Grayling: *Wittgenstein*, S. 148
[106] Mircea Eliade: Geschichte der religiösen Ideen, Band I, S. 123 f.

180

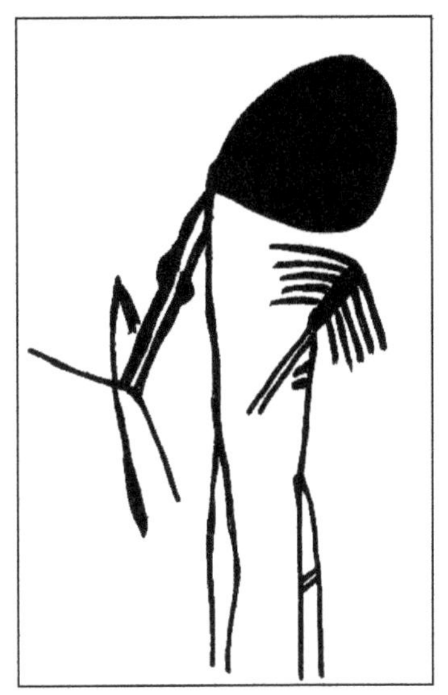 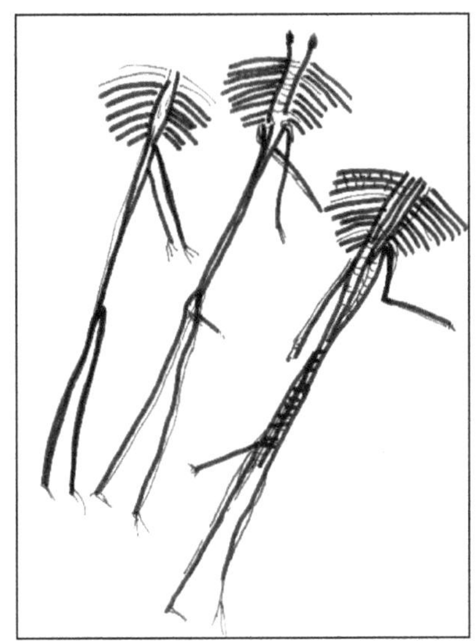

Felsmalereien und Geister-Darstellungen

Nachzeichnungen: *links* **Australien**: *ein Mimi-Geister-Paar, die rechte Figur ist weiblich (Anati S. 373). Vgl. dazu rechts die Felszeichnung in* **Tansania** *(Anati S. 193). Auch die „Rundköpfe" (linke Figur linkes Bild) finden sich in der* **Sahara** *in der dortigen Kulturform der „Höheren Sammler".*

Diese Darstellungen und Stilformen können durchaus als sehr spezifisch gesehen werden. Sie sind weder in Stil noch in den Inhalten paläolithischer Art. [107] Die zudem betonten Kopf-Darstellungen dürften durchaus konzeptionell motiviert sein, dass ihre Entsprechungen nicht per se als Zufall abgetan werden sollten. Auch sie könnten in Wirklichkeit einen Status kennzeichnen, und es ließe sich an maskenartige Vermummungen (etwa aus Stroh- und Strauchbüscheln) denken – diese Techniken dienen genau wie die neuartige >Geister<-Mythologie und >Felskunst< der neuen sozialen >Steuerung<.

---

[107] In Australien kommt ab 10.000 der neue „Sydney-Stil" auf, so: Emmanuel Anati: Höhlenmalerei, S. 396

Wie schon ausgeführt, kam es im Vorfeld vor der Mesolithischen Revolution zu einem Verlust von Sprachbeherrschung und einer entsprechenden Verselbständigung der mythologischen Geschichten. Das aber sind >sprachliche Missverständnisse< und keine >Religion<. Wenn nun die Führer der Mesolithischen Revolution die im Allgemeinen nicht mehr wirklich verstandene Mythologie nun zur Begründung und Sicherung seiner neuartigen Sozialorganisation nutzen (zur Begründung der neuen Gesetze, der Autorität der Führer und ihrer richterlichen und exekutiven Funktion), dann ist das weniger als „Religion" als vielmehr als Form von >(Innen-) Politik< (incl. Jura und Ökonomie) zu verstehen. Dies gilt auch für die mit dem Neolithikum begründete absolutistische >Priester/innen-Herrschaft< (*MaGa – Magier* usw. → 162 f.). Erst als mit der Bronzezeit die vormals nachrangigen Truppenführer aufgrund der entstandenen Chaos- und Gewaltprobleme mit ihren Truppen an die Spitze der gesellschaftlichen Organisation gelangten, kam den Priester/innen eine neue Rolle zu, die von >Politik< (als dem Bereich der Generäle) unterschieden wurde. Diese neue Rolle ist von der vorausgehenden Geschichte wesentlich mit *kultischen* Funktionen verbunden. Dabei handelt es sich um Formen von *Kultur* – es bleibt jeweils zu sehen, welche.

Schon das neue Aufkommen der >Geister-Kulte< am Ende der Eiszeit (s. Abbildungen oben) sind hier bezeichnend. Sicher mögen sich, wie angenommen, manche Geister-Darstellungen durch den Gebrauch von Drogen (auf seinen organisatorischen Treffen) erklären. Es bieten sich jedoch auch effektive Anhalte dafür, dass die damalige Verbreitung der Geister-Dar- und Vorstellungen der Tarnung seiner >Geheim-Bünde/Dienste< diente, die >Störenfriede< maßregelten oder auch gänzlich „aus dem Verkehr" zogen. Dies ging nach der entsprechenden „Mythologie" jedoch auf >erzürnte Geister< usw. zurück. Das hat jedoch nichts Besonderes mit >Religion< zu tun und ist entsprechend mit der Säkularisierung an sich noch nicht überwunden. Das immer auf „Religion" zu schieben, ist auch nur eine Form von Verdrängung.

Die entsprechende historische Entwicklung ist (von daher) auch mit weltanschaulichen wie auch mit mentalen und psychischen Konsequenzen verbunden. Schon Freud und andere damalige Psychologen erkannten, dass ihre psychologischen Einsichten sehr wohl Konsequenzen für das Verständnis unserer Gesellschaft und >Kultur< hatten.

So schrieb etwa Freud zur >zivilisatorischen Entwicklung< (die er entsprechend der damaligen Tendenz mit der historischen Entwicklung sowie mit >Kultur< gleichsetzte) zurückhaltend formuliert:

„Vielleicht ist dieser Prozess mit der Domestikation gewisser Tierarten vergleichbar; ohne Zweifel bringt er körperliche Veränderungen mit sich; man hat sich noch nicht mit der Vorstellung vertraut gemacht, dass die Kulturentwicklung ein solcher organischer Prozess sei.
Die mit dem Kulturprozess einher gehenden psychischen Veränderungen sind auffällig und unzweideutig. Sie bestehen in einer fortschreitenden Verschiebung der Triebziele und Einschränkung der Triebregungen. Sensationen, die unseren Vorahnen lustvoll waren, sind für uns indifferent oder selbst unleidlich geworden; es hat organische Gründe, wenn unsere ethischen und ästhetischen Idealforderungen sich geändert haben.
Von den psychologischen Charakteren der Kultur scheinen zwei die wichtigsten: die Erstarkung des Intellekts, der das Triebleben zu beherrschen beginnt, und die Verinnerlichung der Aggressionsneigung mit all ihren vorteilhaften und gefährlichen Folgen."[108]

Doch konnte von einer systematischeren Verbindung der psychologischen und der historischen Einsichten noch keine Rede sein. Entsprechend unternahm es Norbert Elias mit seinem epochalen Werk >Über den Prozess der Zivilisation< (1936), den

---

[108] in: Albert Einstein & Sigmund Freud: Warum Krieg? S. 45 f.

Zusammenhang der psychischen und der historischen Entwicklung zu begründen und auszuführen.

„Man kann daher die Psychogenese des Erwachsenenhabitus in der zivilisierten Gesellschaft nicht verstehen, wenn man sie unabhängig von der Soziogenese unserer >Zivilisation< betrachtet. Nach einer Art von >soziogenetischem Grundgesetz< durchläuft das Individuum während seiner kleinen Geschichte noch einmal etwas von den Prozessen, die seine Gesellschaft während ihrer großen Geschichte durchlaufen hat. [...]
Die soziogenetische und psychogenetische Untersuchung geht darauf aus, die Ordnung der geschichtlichen Veränderungen, ihre Mechanik und ihre konkreten Mechanismen aufzudecken [...]." (S. LXXIV f.; LXXVII)

Im Konkreten ist dieses Werk von seinem Alter her natürlich mit einem älteren Forschungsstand verbunden, und es blieb auch angesichts des damaligen Forschungsstandes mit Absicht auf die europäische Ära seit der Renaissance beschränkt (hätte Anderes damals nur Rassismus reproduziert).

Doch ist dieses Pionierwerk ein Vorbild für die historiologische Forschung. Auch ist es deutlich, worauf Norbert Elias mit der Begriffskonzeption von *Psychogenese – Soziogenese* hinauswill. Ich empfinde sie nicht als komplex genug und schlage in der Übernahme der biologisch-evolutionären These von *Phylogenese – Ontogenese* für das hier Grundlegende *Historiogenese – Ontogenese* vor. Das hieße, dass die Ontogenese der menschlichen Individuen auf der jeweiligen Historiogenese basiert. Die historische Ontogenese umfasst dabei nicht nur die psychische Ebene, sondern auch die körperliche Entwicklung, die Herkunftstradition, Gegend, Milieu, Sprache, Weltanschauung, soziale und ökonomische Position, Zugänge zu Informationen usw.

Dieses Buch ist nicht der Ort, alle sich hier andeutenden Zusammenhänge im Näheren aufzunehmen. Hier geht es darum, im Grundsätzlichen zu sehen und auch anzuerkennen, dass die historische Entwicklung menschlich nichts Neurale ist, sondern auf das Bewusstsein von Gesellschaft und in der entsprechenden Sozialisation auch die Individuen wirkt. Von dort her ist es auch von Bedeutung, zu erkennen, dass unsere gesellschaftlich-kulturelle Grundlage immer noch auf dem von der Mesolithischen Revolution geschaffenen Fundament basiert.

Umgekehrt kommt in den jeweiligen Entwicklungen das tatsächlich vorhandene >Bewusstsein< zum Ausdruck. Wir können uns nicht an die großartigen Proklamationen der historischen Inschriften, Verfassungen und gesellschaftlichen Sonntagspredigten halten. Dies gilt schon für den Bau der gewaltigen Megalith-Anlage von Göbekli Tepe und die ägyptischen Pyramiden. Es handelt sich dabei nicht um Kunst, auch wenn dort künstlerische Qualität einfließt. Doch sind sie kein Ausdruck von „Hochkultur" und auch kein Ausdruck wirklicher *power,* sondern ganz im Gegenteil projektiver Ausdruck von Ohnmacht und gesellschaftlicher Probleme, von denen mit solchen Inszenierungen und Aktivitäten abgelenkt und für die ein Ersatz geboten werden sollen. Dafür bieten sich genügend historische Anhalte, und es ergaben sich auch entsprechende Prozesse und Resultate.

Es spricht nichts dagegen, die Leistungen von Göbekli Tepe und bei dem Bau der Pyramiden usw. als höchst beachtlich zu würdigen. Auch Hitlers Erfolge in seiner Kriegsführung waren zwischenzeitlich durchaus enorm.

Doch eine wirkliche historische Arbeit verknüpft sich damit, das zu rekonstruieren, was in menschlich-sozialer Hinsicht in all diesen Momenten der historischen Entwicklung zum Ausdruck kommt. Haben diese Entwicklungen das Menschlich-Soziale vorwärts gebracht (und wenn ja, warum), oder sind diese Entwicklungen z.B. Ausdruck von letztlich ruinösen Fehlentwicklungen? Ein paar Jahrzehnte und Jahrhunderte sind dabei kein Maßstab. Das sind evolutionär nur Sekunden und allenfalls Minuten.

5.4 Historiologie als Grundlage der Futurologie und einer wünschenswerten Kultur der Zukunft

Die Historiologie ist von ihrer Konzeption her auch die Grundlage der Futurologie sowie der Telotopistik als dem Fachgebiet der kulturarchitektonischen Entwürfe einer wünschenswerten Kultur der Zukunft.

Die historiologischen Grundlagen können auch für futurologische Prognosen in Politik und Wirtschaft von Bedeutung sein, da sie nicht bloß jüngere Trends hochrechnen kann. Es ist angesichts vieler Problemstellungen durchaus relevant, die historische Entwicklung im größeren Maßstab zu verstehen. Dies gilt insbesondere für die Bereiche, wo nach den bisherigen Rechnungen das Verhältnis zwischen Soll und Ist in Wirklichkeit nicht mehr aufgeht, so etwa mit langer Tradition in den öffentlichen Haushalten. Dies ist bislang mit entsprechenden Einstellungen auf Kriege (als Flucht nach vorne) und/oder gesellschaftliche Notstands-Maßnahmen verbunden. Mit einem umfassenderen Denken lassen sich jedoch evtl. Alternativen erschließen, für die die jüngeren Trends keine Anhalte bieten.

Dies gilt erst recht für die Telotopistik als der über eine bloße >Utopie< hinausgehenden Konzeption einer >kulturellen Architektur< für die Entwicklungen von wünschenswerten Kulturen der Zukunft, insbesondere auch als Auseinandersetzung mit der langfristigen Perspektive der menschheitsgeschichtlichen Entwicklung (*Telo-* von griech. *telos = Ziel*).

Es belegen sich in der Geschichte manche Kulturen, die gesellschaftlich an sich sehr gut funktioniert haben und offensichtlich als befriedigend erlebt wurden, aber von außen her durch Macht und Gewalt (ggf. Ökonomie) ruiniert oder zumindest deutlich geschädigt wurden. Insgesamt lassen sich kulturanthropologisch und ethnologisch eine Reihe an gesellschaftlich-kulturellen Erfahrungen aus dem Studium der Geschichte gewinnen, die in Hinsicht auf eine wünschenswerte dauerhafte Kultur der Zukunft von Bedeutung sind.

Ein kulturarchitektonisches Modell einer wünschenswerten Kultur der Zukunft wird von der Werkstatt Neue Kultur unter dem Titel >**Telotopia**< modellhaft vorgestellt.

Es gibt davon bislang 4 verschiedene Ausgaben (304 Seiten in Brilliant-Druck für 19,99 €, in billigerem Smart-Druck für 12,99 € und auf 188 Seiten herunter gekürzt in Brilliant-Druck für 14,99 und im Smart-Druck für 9,99 €. Dies ist im Internet leider nicht unbedingt richtig dargestellt).

„In jüngster Zeit hat eine Serie neurobiologischer Beobachtungen ein neues Bild entstehen lassen. Es beschreibt des Menschen als ein Wesen, dessen zentrale Motivationen auf Zuwendung und gelingende menschlichen Beziehungen gerichtet sind." (S. 9)

„Wir sind – aus neurobiologischer Sicht – auf soziale Resonanz und Kooperation angelegte Wesen. Kern aller menschlichen Motivation ist es, zwischenmenschliche Anerkennung, Wertschätzung, Zuwendung oder Zuneigung zu finden und zu geben." (S. 23)

[Diese Bedürfnisse können natürlich frustriert werden und verfallen.]

Joachim **Bauer**: Prinzip Menschlichkeit. Warum wir von Natur aus kooperieren

5.5 Zur Halbzeit der Geschichte

Die Ergebnisse der diesbezüglichen Forschungen deuten darauf, dass wir keineswegs schon unmittelbar vor dem endgültigen historischen Paradies stehen, wie man sich dies um 1970, wo man doch schon den Mond betreten hatte, für den Anbruch des neuen Jahrtausends so schön vorgestellt hatte.

Um hier wieder einmal das Bild zu benutzen: man hatte nach einigen Krisen dann doch die Karibik erreicht, aber es stellte sich heraus, dass dies noch längst nicht Indien war, wohin die Reise gehen sollte. Dennoch: Indien wurde doch erreicht.

Nun, die kolonialistischen Entdeckungen der >Neuen Welt< wirkten auch beflügelnd in die >Alte Welt< Europas zurück, vor allem, als es den >Vereinigten Staaten< (USA) gelang, ihre Unabhängigkeits-Erklärung umzusetzen. Von hier aus kam es, aus ganz widersprüchlichen Gründen, dann auch in Europa zur Revolution: zur Französischen Revolution und in der Folge auch zur Industriellen Revolution.

Marx und Engels waren mitnichten die ersten, die diese Entwicklungen von einer menschheitsgeschichtlichen Perspektive her begriffen. In Deutschland finden sich schon bei Kant Ansätze. Im Besonderen war es zunächst Hegel, der von hier aus eine umfassende Geschichtsphilosophie entwickelte. Dies war die Ausgangsbasis der Ansätze von Marx und Engels, auch wenn sie diese deutlich weiterentwickelten.

Wie immer man diese damalige Geschichtsphilosophie auch ausdeutete, so kam hierbei auch die Vorstellung auf, dass das entscheidende Ziel der menschlichen Entwicklung in dichter

Nähe stünde. Die Französische und die Industrielle Revolution lieferte dabei den großen Anhalt. Die technischen und die sozialen Umbrüche und Entwicklungen waren zu unübersehbar. Man musste dies nur ein bisschen hochrechnen, um sich am entscheidenden Ziel zu sehen. Wenn auch Marx und Engels menschlich-sozial sehr bestimmte Voraussetzungen für den menschheitsgeschichtlich entscheidenden Durchbruch sahen – etwa eine hinreichend mündig-aufgeklärte Bevölkerungs-Basis –, so erschien er doch als eine effektive historische Nahperspektive.

Insgesamt kam es von den Vorstellungen des 19. Jahrhunderts zu der Annahme, dass wir uns auf dem Höhepunkt der Geschichte und recht dicht am finalen Glück befänden. Was das Technologische angeht, so trifft dies von der Sonnenseite her auch zu.

Leider aber erwiesen sich die Geschichtskarten des 19. Jh. als noch falscher als die geographischen Karten mit der Erde als Scheibe. Die Erde und die Menschheit waren nicht lediglich 6.000 Jahre alt, die griechischen Kultur war nicht der erste Durchbruch aus der Tier-Stufe des Menschen, die sich nach dem >finsteren Mittelalter< mit der Renaissance und der Moderne neu fortsetzte und mit der Industriellen Revolution nun eine neue Dimension erreichte.

Was von den alten Karten her gar nicht zu ahnen war, so zeigten die Welt und die Geschichte gänzlich andere Dimensionen. Es gab schon ältere >Hochkulturen< als die Griechen in den verschiedensten Gegenden der Welt. Europa war nicht der Mittelpunkt der Welt und weder als Gebiet noch von den Bevölkerungszahlen her die Größe, die viele immer noch vom 19. Jahrhundert her im Kopf haben. Wie damals Amerika, so steht auf einmal quasi aus dem Nichts ein China mit einem Mehrfachen von Europa im Raum und nicht nur China.

Auf jeden Fall gibt es hier noch viele Debatten, die den Eindruck erwecken, dass hier noch von den ggf. auch neuen verbesserten wissenschaftlichen Karten mit der Welt als Scheibe her gedacht wird. Dies gilt auch gerade für das Verstehen von Humanevolution und Geschichte als den grundlegenden Koordinaten der Verortung der menschlichen Existenz.

Wie damals die Erde mit den neuen Kontinenten, so erweisen sich heute auch die Dimensionen von Evolution und Geschichte als beträchtlich größer als gedacht. Es gibt von dort her keinen Grund zur Annahme, dass wir schon kurz vor dem glücklichen Ziel stehen, aber auch umgekehrt nicht in der Verkehrung dieser *Vorstellung* ins Negative. Wir müssen uns von der neuen Weltgeschichts-Karte auf eine neue historische Perspektive einstellen. Wir befinden uns erst in der Halbzeit der historischen Entwicklung.

Wir sind erst gerade dabei, unsere tatsächliche Realität im Weltraum, in der Evolution, in der Geschichte und als Mensch in der globalen Welt zu erfassen. Sicher kann es nun schnell gehen, mit den richtigen Schlussfolgerungen die richtigen Entwicklungen einzuleiten. In kleineren Kontexten könnte dies mit Gewinn für alle schnell der Fall sein. Die Chancen zu sehen und zu nutzen, ist jedoch das eine, die menschheitsgeschichtliche Realität – etwa auch jenseits von Europa – in den Blick zu bekommen das andere. Es geht nicht bloß um Korrekturen einiger kleiner Details.

Die derzeitigen Umbrüche in den globalen Verhältnissen sind auf dem Hintergrund der gesamten bisherigen historischen Entwicklung seit dem >Ende der Eiszeit< vor rund 13.000 Jahren zu sehen.

Die Vorstellung von >Hochkultur< besteht nicht ohne Grund. Es ist effektiv zutreffend, dass die ursprüngliche = paläolithische Kultur des Homo sapiens weder als endgültiges Optimum noch insgesamt als evolutionär dauerhaft zureichend gesehen werden kann. Die entstandenen Probleme waren kein Zufall.

Wenn auch die Naturkatastrophen am >Ende der Eiszeit< als außergewöhnlich dramatisch zu begreifen sind, eben als Phänomene eines wahrhaft >geologischen Umbruchs< (nämlich vom

190

Pleistozän auf das Holozän), so gehört es doch zu dem Sachverhalt der Realitätsfähigkeit einer Art, auch geologische Umbrüche bewältigen zu können. Zumindest in dieser Hinsicht zeigte sich, dass die humanevolutionär entwickelte Kultur im Gesamten noch nicht zureichte.

In gewisser Weise ist die Großhirn-Evolution aus ihrer besonderen Fähigkeit in der Bewältigung von geologischen Krisen hervorgegangen, und wir sehen in der historischen Entwicklung, dass es das Aufkommen existenzialer Probleme in dem geologischen Umbruch am >Ende der Eiszeit< war, das die menschliche Intelligenz zu völlig neuen Leistungen und Entwicklungen anregte. So können wir die historische Entwicklung in einem Teil durchaus als eine Art evolutionären Schub *in der Entwicklung von Kultur* begreifen, der inzwischen eine Stufe erreicht hat, die eine völlig neuartige historische Perspektive in den Raum stellt.

Wenn es bislang gemeinhin auch falsch verortet war, so ist es durchaus richtig, dass das Potential zu Nahrungsproduktion und der weiteren technologischen Entwicklung als Basis der evolutionär entscheidenden Fortschritts-Entwicklung begreifbar ist. Das inzwischen bestehende Potential an Nahrungs- und sonstiger Produktion reicht nicht bloß hin, die entstandenen Notstands-Probleme zu beheben, sondern wir sind inzwischen auch schon zu einer Weltraum-Technologie gekommen, mit der sich mit der Zeit noch weitere völlig neuartige Entwicklungs-Möglichkeiten erschließen lassen.

Inzwischen mangelt es schon lange nicht mehr an Angeboten von Nahrung, Produktion, Technologien und Dienstleistung. Bereits in den 1830ern wurde (zuerst von dem Franzosen *Fourier*) erkannt, dass in Wirklichkeit längst das Gegenteil das *Problem* ist: nämlich das *Überangebot*, das aufgrund der ökonomisch-politischen Zusammenhänge in Kriege und einen allgemeinen gegenseitigen Selbstruin führt. Das also, woran es in Wirklichkeit seit dem >Ende der Eiszeit< bis heute im Eigentlichen mangelt, ist die Entwicklung von Kultur, Persönlichkeit und Bewusstsein. Doch ist diese Entwicklung heute von dem bestehenden Potential her bestens möglich.

Als ein entscheidender Punkt scheint hierbei, von den alten falschen Weltkarten mit der Erde als Scheibe wegzukommen. Es erklärt sich von dort her, dass man die bestehenden Probleme falsch erklärt und die Lösungen an den falschen Punkten sucht, ja fast in der völlig entgegengesetzten Richtung, wo man das schon riesige Überangebot noch weiter zu steigern versucht.

Insgesamt stellt es sich dar, dass man, nachdem die ersten Lösungsansätze am Ende der Eiszeit nicht zureichend funktionierten, es einfach nicht besser wissen konnte. Es gab bis heute keinerlei Möglichkeit, die menschliche Realität aus einer übergeordneten Perspektive von Kulturanthropologie, Geschichte und den Humanwissenschaften bis weit über die Humanevolution zu überblicken.

Sicher meinte man schon im 19. Jahrhundert und auch noch vor wenigen Jahren, über diesen Überblick zu verfügen. Doch haben sich ihre Weltgeschichts-Karten als zu entscheidend verkehrt erwiesen, um die richtigen Lösungswege weisen zu können. Hier sind wir inzwischen entscheidend weiter. Zwar können noch längst nicht alle Details als geklärt begriffen werden, doch sind die Überblicke in Geschichte, Humanwissenschaften und Evolution zumindest im Groben weit genug, um die Erde nunmehr als Kugel, in ihrer ungefähren Größe und mit den neu entdeckten Kontinenten sehen zu können.

Das Wegkommen von den falschen Weltkarten und die zunehmende Erfassung der tatsächlichen historischen Entwicklung (in der Art der zunehmenden Erstellung der geographischen Weltkarte) bietet die Chance, die Lösung der menschheitsgeschichtlichen Probleme zu erreichen, die am >Ende der Eiszeit< aufrissen und bis heute mangels zureichender Einsichten andauerten. Die Karibik war noch nicht Indien, aber Indien wurde doch noch erreicht.

Es bieten sich einige neue Lösungsansätze. So handelt es sich bei >Telotopia< nicht mehr bloß eine >Utopie<, sondern um einen mit konzeptionellen architektonischen Modellen vergleichbaren kulturarchitektonischen Entwurf einer wünschenswerten Kultur der Zukunft, der auch etliche Anhalte für ganz konkrete Entwicklungen enthält.

Ansonsten haben sich in Bezug auf Sprache und auf Kommunikation wichtige Einsichten und praktische Ansätze entwickelt, die in Bezug auf die Überwindung bestehender Probleme in Beziehungen, Sozialleben und Gesellschaft eine bedeutsame Rolle spielen (könnten). Hier lassen sich bei geeigneten Lernkontexten schnell Ansätze lernen, die substanziell neue Qualitäten erschließen.

Doch es ist nicht zu sehen, dass ohne eine adäquate Weltgeschichte-Karte und ohne ein zutreffendes historisches Verstehen gesellschaftliche Lösungen und eine wünschenswerte gesellschaftliche Weiterentwicklung zu erreichen sind.

Dies meint nicht, dass hier nun jede/r zum historiologischen Fachwissenschaftler werden müsste. Die Schaffung adäquater historischer Kartenwerke von der Weltkarte bis zur Kataster- und Wanderkarte wie von tauglichen Navi-Programmen ist natürlich die Aufgabe der Wissenschaft/ler/innen.

Doch kann auch ein Verstehen einer zutreffenden Welt(geschichts)-Karte biographisch von Bedeutung sein. Ich habe einige Jahre aufgrund der gängigen Fehleinschätzungen verschenkt, aber zum Glück nicht mehr. Alles Toben ändert nichts daran, dass man in der „Karibik" noch nicht in „Indien" ist.

Dies betrifft vor allem die Ansätze, die die bestehenden gesellschaftlichen Probleme lösen und die wünschenswerten gesellschaftlichen Verhältnisse schaffen wollen. Wenn man mit völlig antiquierten Karten mit der Welt als Scheibe arbeitet, ist es nicht verwunderlich, wenn man seine Ziele nicht erreicht. Wenn man Pech hat, schafft man gar das Gegenteil dessen, was man wollte. Das gilt für Religionen ebenso wie für politische Ansätze, s. etwa Russland, doch nicht nur dort.

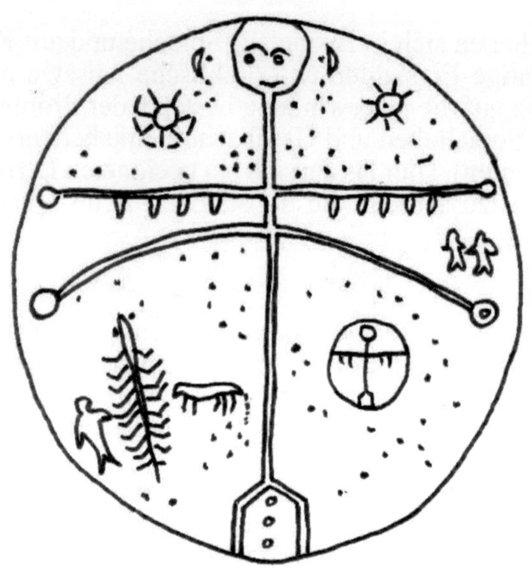

Nachzeichnung: „Trommel der Abakantataren", nach:
Hans Findeisen & Heino Gehrts: Die Schamanen, S. 123

Anhang: Familiengeschichte als ein persönlicher Zugang zu Geschichte

Zumindest wollte ich es hier nicht unerwähnt lassen, dass ich eine Arbeit zur eigenen Familiengeschichte als ein höchst lebendiges und aufschlussreiches Unternehmen erlebt habe, dass ich dies nur weiterempfehlen kann.

Ich begann damit vor einigen Jahren als einer Art „archäologischer" Forschung, weil meine Eltern nie wirklich über ihre Geschichte gesprochen hatten und der nähere und mir allein bekannte Zweig und soziale Kontext der Herkunft meines Vaters mit ihm ausgestorben war. Wohl kannte ich von familiären Treffen einige Geschichten, und es war auch zu erkennen, dass sie stark mit Emotion verbunden waren. Doch wurden diese Geschichten bei diesen Treffen in einem solchen Durcheinander aufgetischt, dass ich nicht viel davon verstehen konnte.

Insgesamt erlebte ich die Beschäftigung und Recherchen zur Familiengeschichte als eine wichtige Verbindung zwischen >Selbsterfahrung<, Psychologie und Geschichte. Es wurde etwa deutlich, wie unterschiedlich bis hin zu manchen Gegensätzen die Geschwister meiner Mutter ihre Kindheit erlebt haben. Trotz der theoretisch gleichen Sozialisation und Erziehung trat die Eigenart jeder Person heraus (etwa auch als angeborenes >Temperament<), und angesichts der Zeit des 2. Weltkrieges und der Nachkriegszeit spielte auch das Alter eine entscheidende Rolle. Es begreift sich, dass die Kinder, die Anfang der 1930er geboren waren, diese Zeit sehr anders erlebten als die am Ende der 1930er geborenen, der letzte im Dezember 1939. Das früheste Ereignis, an dass er sich erinnern konnte, war die Bombardierung ihres Hauses (25./26. Juni 1943). An seinen Vater, der im Februar 1943 starb, hat er keine Erinnerung.

Meine Recherchen verbanden sich hierbei auch mit der Stadt-Geschichte. Tatsächlich zeigte sich, dass auch die Geschichte der Stadt – hier Wuppertal – recht eng mit der Familienge-schichte verwoben waren, aber in unserem Fall gerade nicht als Tradition. Als eine besondere *Boom-Town* des 19. Jahrhunderts hatte Wuppertal im Grunde sämtliche Zweige meiner familiären Herkünfte (soweit sie mir bekannt sind) nach Wuppertal gelockt. Nur ein Zweig kam aus der nahen Umgebung. Nach dem Krieg war Wuppertal als Textil-Metropole von der Verlagerung der Textilproduktion nach Asien betroffen. Mit dem wirtschaftli-chen Niedergang Wuppertals verließ auch der größte Teil der Familie Wuppertal, sogar bis nach Kanada.

Auch die Auswirkungen des Krieges und des Neubaus der Stadt nach dem Krieg wurde mir im familiengeschichtlichen Kontext erheblich eindrücklicher, zumal es auch einige Fotos von der Stadt aus der familiären Perspektive gab. Wie es noch vor eini-ger Zeit über die Afrikaner hieß, dass sie „auf dem Boden ihrer Ahnen wandeln", so erlebte ich es, als ich die Stationen der Ad-ressen des Vaters meines Vaters abging. Es war ein Eintritt in eine andere, untergegangene Welt der Zeit vor dem 2. Weltkrieg, als die Stadt noch ganz anders aussah. Es war wie ein Film, aus-staffiert mit den vorhandenen Fotos und den Informationen, die ich aus den verschiedensten Quellen über die damalige Zeit habe. Doch gerade dadurch wurden mir die ganzen Informatio-nen, Ereignisse und Gegebenheiten erst zu Realität.

Von dem familiengeschichtlichen Kontext wurde mir noch ganz anders deutlich, wie stark die Umbrüche der Zeit schon in den letzten zwei Jahrhunderten war. Der Vater meines Vaters wurde 1889 geboren, die alten Fotos zeigen noch die Kaiserzeit, Pfer-dekutschen (unter der Schwebebahn um 1900). Die familiären Kontexte wurden von beiden Weltkriegen stark getroffen, und auch die wirtschaftlichen Probleme in den 1920er Jahren waren von erheblicher Konsequenz.

Von hierher wird auch sehr verständlich, welche kommunikati-ven Probleme zwischen den Generationen aufrissen, war jede Generation (vor allem bei den großen zeitlichen Abständen in meiner väterlichen Linie) in einer anderen Epoche und >Welt<

196

mit anderen Gegebenheiten und Weltanschauungen sozialisiert, dass hier zwischen den Generationen effektiv verschiedene >Welten< aufeinanderprallten, auch früher schon, etwa auch um 1890, als die Mutter meines Großvaters vor seiner Geburt zum Opfer der damals üblichen Heiratspolitik ihrer Familie wurde, was im Privaten recht dramatische Folgen hatte.

Dieses Generationen-Moment habe ich in meiner Kindheit und Jugendzeit sehr stark empfunden. Sozialisation war von daher für mich nie etwas Abstraktes und nie nur Psychologie und nie nur Soziologie. Sowohl in der familiären Vorgeschichte als auch in meiner eigenen Geschichte zeigte sich wieder und wieder, welchen Einfluss die historischen Ereignisse, Moden und zeitgeschichtlichen Debatten hatten, dass drei Jahre Zeitunterschied in der Sozialisation eine eigene >Generation< machen konnten. Auf internationalen Tagungen erlebte ich in der 2. Hälfte der 1980er, dass ein Altersunterschied von nur drei Jahren bedeutsamer sein konnte als die nationale Herkunft, so stark wirkten die Trends, die damals vielleicht besonders umfassend von Umbrüchen geprägt waren. Von dort her ist ein solches Verstehen auch in der persönlichen Kommunikation von einiger Bedeutung, auch gerade im Geschlechterverhältnis und in einer Beziehung.

Damit sind wir bei dem Thema >Selbsterfahrung<. Von dem Erleben der Generation meiner Eltern, der Generation meiner Großeltern und den neuartigen Entwicklungen ab der 68er Zeit von der Modernisierung der Häuser über die Mond-Raketen bis hin zu dem neuen psychologischen Knowhow und der Emanzipation habe ich mich schon recht früh mitten in diesem historischen Prozess erlebt. Dazu kommt auch mein frühes Interesse an angeblich „primitiven" Kulturen wie etwa die „Indianer" wie auch an der Frühgeschichte bis hin zur Humanevolution (zumal ich in einiger Nähe vom Neandertal aufgewachsen bin). Von dort her habe ich die Weltgeschichte „immer schon" als Teil meiner eigenen Geschichte und uns dabei auch umgekehrt als Akteure in dem historischen Prozess gesehen. Geschichte ist, was wir aus den jeweils entstandenen Gegebenheiten machen.

nächste Seite ein paar familiengeschichtliche Impressionen →

um 1900, rechts um 1910

links 1. WK 1916
unten 2. WK 1943

unten: mein nie Onkel gewordener
Onkel um 1940

Zitierte Literatur

EWD = **Etymologisches Wörterbuch des Deutschen**, 2. Bände, erarbeitet im Zentralinstitut für Sprachwissenschaft Berlin unter der Leitung von Wolfgang Pfeifer, (1989) 2. Auflage, durchgesehen und ergänzt von Wolfgang Pfeifer, Berlin 1993; TB 1995 dtv München; 8. Auflage 2005

Propyläen Weltgeschichte, Eine Universalgeschichte, hg. von Golo **Mann** + Alfred **Hauß.** Band 1, Berlin, Frankfurt, Wien, 1961

Die ZEIT Welt- und Kulturgeschichte, Zeitverlag Hamburg Band 1: Anfänge der Menschheit und Altes Ägypten, 2006

Duden, Band 7: **Herkunftswörterbuch** der deutschen Sprache, 2. völlig neu bearbeitet und erweiterte Auflage von Günther Drosdowski, Mannheim, Wien, Zürich, 1989, 5. Auflage 2014

GEO – Zeitschrift sowie
GEO Wissen: Die Evolution des Menschen, Wie wir wurden, was wir sind. Heft September 1998, Hamburg 1998

Harenberg Lexikon der Religionen – Die Religionen und Glaubensgemeinschaften der Welt, Redaktion Berthold **Budde** und Christine **Laue-Bothen**, Dortmund 2002

Badisches Landesmuseum Karlsruhe, Vor 12.000 Jahren in Anatolien: Die ältesten Monumente der Menschheit (Große Landesausstellung Baden-Württemberg 2007), Stuttgart 2007

Emmanuel **Anati**: Höhlenmalerei, (1997), Düsseldorf 2002

Jes Peter **Asmussen** & Jørgen **Læssøe** (Hg.), Handbuch der Religionsgeschichte, Göttingen 1971 - 1975

Bärbel **Auffermann** & Gerd-Christian **Weniger** (Hg.): Frauen - Zeiten - Spuren, Neanderthal-Museum, Mettmann 1998

Charles **Berlitz**: Mysteries from Forgotten Worlds, Rediscovering lost Civilisations, (1972), Gorgi Books, London 1974, 1976

Bruno **Bettelheim**: Kinder brauchen Märchen (Or. New York 1975), Stuttgart 1977; dtv München 1980, 5. Auflage 1982

Sylvia & Paul F. **Botheroyd**: Lexikon der keltischen Mythologie, München 1999

Joachim **Bauer**: Prinzip Menschlichkeit. Warum wir von Natur aus kooperieren. (2006), TB: Wilhelm Heyne Verlag München, 2014 [7]

Harald **Braem**: Die magische Welt der Schamanen und Höhlenmaler, Köln 1994

Emma **Brunner-Traut** (Hg.): Altägyptische Märchen (Diederichs Märchen der Weltliteratur), Reinbek 1991, 1993

Bill **Bryson**: Eine kurze Geschichte der alltäglichen Dinge, (Original London 2010) Goldmann Verlag München 2011

Göran **Burenhult** (Hg.): Illustrierte Geschichte der Menschheit, (Hamburg) Augsburg 2000

Annie **Caubet** & Patrick **Pouyssegur**: Der Alte Orient – Von 12.000 bis 300 v. Chr., (Paris 2001), Frechen o.J.

David **Christian**: BIG HISTORY. Die Geschichte der Welt – vom Urknall bis zur Zukunft der Menschheit. (Or. New York 2018). Carl Hanser Verlag München, 2018

Henning **Christoph**, Klaus E. **Müller** & Ute **Ritz-Müller**: Soul of Africa - Magie eines Kontinents, Köln 1999

Hoimar von **Ditfurth**: Der Geist fiel nicht vom Himmel, Die Evolution unseres Bewusstseins, (Hamburg) (Augsburg 1990)

Hoimar von **Ditfurth**: Im Anfang war der Wasserstoff (Hamburg 1972), München/Zürich 1975

Jeff **Doring** (Hg.): Gwion Gwion, Dulwan Mamaa - Geheime und heilige Pfade der Ngarinyin, Aborigines in Australien, Köln 2000

Albert **Einstein** & Sigmund **Freud**: Warum Krieg? Zürich 1972

Mircea **Eliade**: Geschichte der religiösen Ideen. Freiburg, Basel, Wien, Band I: (1978). 1990[6]

Norbert **Elias**: Über den Prozess der Zivilisation, Soziogenetische und psychogenetische Untersuchungen, (1936; 2. Aufl. Bern 1969), 3. Auflage Frankfurt/M 1976

Friedrich **Engels**: Herrn Eugen Dührings Umwälzung der Wissenschaft („Anti-Dühring"), Dietz Verlag Berlin (DDR) (1948), 15. Auflage 1970 (ursprünglich 1877 in Zeitungsartikeln erschienen, erste Buchform 1878)

Erik H. **Erikson**, Identität und Lebenszyklus, Frankfurt/M 1966; 1973, 9. Aufl. 1985

Brian **Fagan**: Die Eiszeit – Leben und Überleben im letzten großen Klimawandel, Theiss Verlag Stuttgart, 2009

Edoardo **Fazzioli**: Gemalte Wörter, 214 chinesische Schriftzeichen – vom Bild zum Begriff, Wiesbaden 2003 (nach der 5. Auflage von 1991; Original Milano 1986)

Richard **Fester**, Marie E.P. **König**, Doris F. **Jonas**, A. David **Jonas**: Weib und Macht - Fünf Millionen Jahre Urgeschichte der Frau, Frankfurt (1979), TB 1980, 1986

Hans **Findeisen**/ Heino **Gehrts**: Die Schamanen - Jagdhelfer und Ratgeber, Seelenfahrer, Künder und Heiler, München 1983, 4. Auflage 1996

Paul **Frischauer**: Kleine Kulturgeschichte: Der Mensch macht seine Welt, (München - Berlin 1976) Frankfurt/M 1978

Marija **Gimbutas**: Die Sprache der Göttin, Frankfurt/M 1995

Marija **Gimbutas**: Die Zivilisation der Göttin, Frankfurt/M 1996
A.C. **Grayling**: Wittgenstein, Herder Verlag Freiburg – Basel – Wien o. J.

Miranda J. **Green**: Die Druiden, Augsburg 2000

Marcel **Griaule**: Schwarze Genesis, Ein afrikanischer Schöpfungsbericht, (Freiburg, 1970) suhrkamp taschenbuch 1980

Harald **Haarmann**: Weltgeschichte der Sprache – Von der Frühzeit des Menschen bis zur Gegenwart. Verlag C.H. Beck, München, 2006

Wolfgang **Hadamitzky**: Langenscheidts Handbuch und Lexikon der japanischen Schrift, Berlin – München – Wien – Zürich – New York o.J.

Yuval Noah **Harari**: Eine kurze Geschichte der Menschheit, (München 2013, Original Israel 2011) Pantheon Verlag 2015[6]

Johan **Huizinga**: Homo Ludens, Vom Ursprung der Kultur im Spiel, Hamburg, (1956), 1981

David M. **Jones** & Brian L. **Molynaux**: Die Mythologie der Neuen Welt, Reichelsheim 2002

Wighart von **Koenigswald** & Joachim **Hahn**: Jagdtiere und Jäger der Eiszeit, Fossilien und Bildwerke, Stuttgart 1981

Martin **Kuckenburg**: Wer sprach das erste Wort? Die Entstehung von Sprache und Schrift, Konrad Theiss Verlag Stuttgart 2004

Richard E. **Leakey** & Roger **Lewin**: Wie der Mensch zum Menschen wurde. Neue Erkenntnisse über den Ursprung und die Zukunft des Menschen, (Hamburg 1978), München 1985

Roger **Lewin**: Spuren der Menschwerdung, Die Evolution des Homo sapiens, Heidelberg 1992

Helma **Marx**: Das Buch der Mythen (aller Zeiten aller Völker), Verlag Styria Graz, Wien, Köln & Eugen Diederichs Verlag München, 1999

John S. **Mbiti**: Afrikanische Religion und Weltanschauung, Berlin 1974

John **McCrone**: Als der Affe sprechen lernte, Die Entwicklung des menschlichen Bewusstseins, Frankfurt/M 1992

William H. **McNeill**: Krieg und Macht. Militär, Wirtschaft und Gesellschaft vom Altertum bis heute, München 1984

James **Mellaart**: Çatal Hüyük, Stadt aus der Steinzeit, Bergisch Gladbach, 1967

Michael Lukas **Moeller**: Die Liebe ist das Kind der Freiheit; rororo, Reinbek bei Hamburg, 1990, 16. Aufl. 2008 (Rowohlt 1986)

Horst M. **Müller**: Sprache und Evolution – Grundlagen der Evolution und Ansätze einer evolutionstheoretischen Sprachwissenschaft. Verlag de Gruyter Berlin – New York, 1990

Hermann **Parzinger**: Die Kinder des Prometheus, Eine Geschichte der Menschheit vor der Erfindung der Schrift, C.H. Beck Verlag München, 2014

Rudolf **Pörtner**: Bevor die Römer kamen, Städte und Stätten deutscher Urgeschichte, (1961) München, Zürich 1964, 1976

Josef H. **Reichholf**: Das Rätsel der Menschwerdung. Die Entstehung des Menschen im Wechselspiel mit der Natur. Stuttgart (München) 1990   (Lizensausgabe)

Josef H. **Reichholf**: Warum die Menschen sesshaft wurden, S. Fischer Verlag Frankfurt/M 2008, Fischer Taschenbuch Verlag, Frankfurt/M 2010, 3. Auflage 2012

Christoph W. **Rosenthal** → nächste + übernächste Seite

Richard **Rudgley**: Abenteuer Steinzeit – Die sensationellen Erfindungen und Leistungen prähistorischer Kulturen, Wien 2001

Mario **Ruspoli**: Die Höhlenmalerei von Lascaux, Auf den Spuren des frühen Menschen, Augsburg, 1998

Vjačeslav E. **Ščelinskij** & Vladimir N. **Širokov**, Höhlenmalerei im Ural. Sigmaringen 1999

Anton **Scherer** (Hg.): Die Urheimat der Indogermanen, Darmstadt 1968

Wolfgang **Schmidbauer**: Wie Gruppen uns verändern – Selbsterfahrung, Therapie und Supervision, Kösel-Verlag München, 1982

Klaus **Schmidt**: Sie bauten die ersten Tempel – Das rätselhafte Heiligtum am Göbekli Tepe, C.H. Beck (München 2006), 3., aktualisierte Auflage 2007 = Paperback 2016

Wolf **Schneider**: Wir Neandertaler, Der abenteuerliche Aufstieg des Menschengeschlechts, (Hamburg, Gütersloh o.J.)

Manfred **Spitzer**: Lernen: Gehirnforschung und die Schule des Lebens, Spektrum Akademischer Verlag Heidelberg – Berlin, (2002), korrigierter Nachdruck 2003

Erika & Manfred **Taube**: Schamanen und Rhapsoden – Die geistige Kultur der alten Mongolei, Leipzig 1983

Margaret **Trowell** & Hans **Nevermann**: Afrika und Ozeanien (Kunst im Bild), München o.J.

Frank Robert **Vivelo**: Handbuch der Kulturanthropologie - Eine grundlegende Einführung, (Stuttgart 1981) München 1988

Literatur von Christoph W. Rosenthal

s. dazu im Internet

Die Humanevolution war ganz anders – Eine überfällige Revision, 2018. (Version 1.1 im März 2019)

Zur Evolution von Selbststeuerung, Liebe, Kommunikation & Kultur, Januar 2021

Kulturologie - Die Wissenschaft bzgl. der Software-Struktur des Menschen. 2023

Die kopernikanische Wende unseres Weltgeschichts-Bildes, 2018 (Version 1.2 im Januar 2023)

Die Mesolithische Revolution – die Begründung der historischen Entwicklung. Januar 2021

Cûl Tura: Die Entzifferung und Rekonstruktion der
ursprünglichen Sprache des Menschen. 2021
Band 1: Die ursprüngliche Sprache des Homo sapiens
Band 2: Zur Etymologie unserer Wörter

Was *eigentlich* Sprache ist. Zur Evolution von Sprache und
der historischen >babylonischen Sprachverwirrung.
2023

Mebuntu: Die erste historische Sprachform. 2021

Frau Holle und der Drache von Lascaux: Die eiszeitliche
Symbolik und Kultur des Homo sapiens (im Licht der
Rekonstruktion der eiszeitlichen Sprache des Homo
sapiens), 2021

Ursprachlich orientiertes **etymologisches Wörterbuch des
Deutschen** (Erscheinung vermutl. Sommer 2023)

Zur Familiengeschichte:

Meine nie Onkel gewordenen Onkel. Die im 2. WK
gefallenen Brüder meines Vaters. 2019

Als Herausgeber von:

Christel Rücker: Der 4. Februar. Roman. 2018
(Zu ihrer familiären Geschichte mit Schwerpunkt
2. Weltkrieg und Nachkriegssituation)

Edition Neue Kultur

www.edition-neue-kultur.de

Ein Label der **Werkstatt Neue Kultur**

Die Materialien der Edition Neue Kultur dienen in Verarbeitung neuerer Einsichten in Wissenschaft und neuerer Erfahrungen in Kultur und Praxis der Fundierung einer historisch Neuen Kultur. Sie richten sich insbesondere an Menschen, die interessiert sind, an der Großen Transformation unserer Verhältnisse zu einer menschlich, sozial und ökologisch wünschenswerten Kultur der Zukunft teilzunehmen oder auch mitzuarbeiten.

Diese Materialien bieten hierbei auch eigene Forschungen, Recherchen, Reflexionen und Erfahrungen, sind aber nicht als Fachliteratur angelegt, sondern allgemeinverständlich. Doch sind sie von den vielfältigen Neueinsichten nicht immer und unbedingt leicht konsumierbar. Abgespecktere Fassungen werden als **Schriften der Werkstatt Neue Kultur** herausgebracht.

Schriften der Werkstatt Neue Kultur   :

- Sprache beherrschen   (74 Seiten)
- Kommunikation   (100 Seiten)
- Was ist >Neue Kultur<?   (in Vorbereitung)

Weitere Materialien in Planung

Werkstatt Neue Kultur
Hg. Christoph W. Rosenthal & Andreas Poggel

Telotopia

Telotopia ist ein kulturarchitektonisches Modell einer sozial stabilen & gerechten, ökologisch nachhaltigen, kulturreichen und wünschenswerten Kultur der Zukunft. Damit möchten wir veranschaulichen, was >Neue Kultur< für uns im gesamtgesellschaftlichen Ergebnis in etwa meint.

Dieser Entwurf basiert auf Einsichten in die humanevolutionäre und kulturgeschichtliche Entwicklung, auf Beispielen historisch-ethnologischer Kulturen wie auf humanwissenschaftlichen Erkenntnissen wie u.a. der Psychologie und Pädagogik. Dabei geht es nicht um eine bloße utopische Fantasie. Die Verwirklichung einer Kultur in der Art von Telotopia erscheint real möglich – im Grunde sogar relativ leicht, sofern sie ein entsprechendes Interesse findet.

Es werden unterschiedliche Fassungen angeboten:

304 Seiten DIN A5	Brilliant-Druck 19,99 €
	Smart-Druck 12,99 €
Gekürzte Fassung (188 Seiten DIN A5) in Smart-Druck 9,99 €	
= in Brilliant-Druck 14.99 €	

www.edition-neue-kultur.de